음식방문

飮食方文

음식방문

飮食方文

우리음식지킴이회

이효지·정길자·한복려·정낙원·김현숙
유애령·최영진·김은미·원선임·차경희

(주)교문사

음식방문에 들어가며

《음식방문》은 작자 미상의 한글로 쓰여진 고조리서이다. 책의 마지막에 "병진(丙辰) 오월 이십삼"이라 기록된 것으로 보아 1880년경에 쓰여진 것으로 추정된다. 현재 한국학중앙연구원 장서각에 마이크로 필름이 소장되어 있다. 《음식방문》은 성남시 분당구 서현동에 거주하던 정영혜 씨가 시어머니로부터 물려받아 소장하던 책을 1998년 한국학중앙연구원에서 촬영한 것이다. 정영혜씨가 소장한 조리서는 《음식방문》과 《술방문》 두 권이었다. 《음식방문》은 크기 21×20cm에 36장으로 이루어져 있으며 한 페이지 당 14~17행, 1행은 15자 내외로 쓰여 있다. 《술방문》은 크기 16×22.5cm에 14장으로 이루어져 있으며 한 페이지 당 16행, 1행은 13자 내외로 쓰여 있다. 정영혜 씨 소장 《음식방문》은 《술방문》과 함께 한 쌍을 이루고 있는데, 《음식방문》에는 주조법에 대한 기록은 하나도 없고, 《술방문》은 주조법과 함께 강정, 약과, 별약과, 약식, 두죽, 진자죽, 두텁떡, 대추주악, 화전, 송편, 화면 등 11종의 음식 만드는 법이 기록되어 있다. 동춘당(同春堂) 송준길(宋浚吉) 가문에는 음식이 주를 이루는 《주식시의》와 주조법만이 기록된 《우음제방(禹飮諸方)》이 있는데 이와 그 형식이 유사하다.

《음식방문》에는 80여 종의 음식을 만드는 법과 조리 시 유의사항이 기술되었고 나서 10종의 염색하는 법과 세탁법이 기록되었다. 그리고 다시 음식에 관한 기록이 있고, 등불을 밝히는 법과 방구들을 놓는 법, 의복의 얼룩을 제거하는 법 등이 기록되며, 또 다시 음식에 관한 기록이 있고, 책이 마무리 된다. 그러나 문장의 단락이 나뉘어져 있지 않고, 글씨체는 한 사람이 쓴 것으로 판단되며 계속 덧붙여 기록한 것으로 생각된다.

《음식방문》은 "잣치 보ᄌᆞ 쌀고 술 팟싀 계피 호쵸말 알맛치 너허…"로 시작되어 혼돈병 만드는 법이 수록되어 있는데 앞부분이 소실되어 있다. 따라서 원래는 더 많은 음식의 조리법이 수록되어 있었는데 일부 유실되고 후에 다시 제본한 것으로 추정된다.

책의 가장 뒷부분엔 "경딘 오월 이십숨일의 죵셔ᄒᆞ노라 보ᄂᆞ니는 외ᄌᆞ가 만ᄒᆞ니 줄 보옵"이라 하여 필사하는 중에 틀린 글자가 있을 수 있으니 보는 사람이 새겨보라 당부하고 있다. 그리고 마지막에 경기도, 전라도, 경상도, 황해도, 함경도, 강원도, 충청도 지역의 지명이 기록되어 있는데 큰 의미는 없는 것 같다.

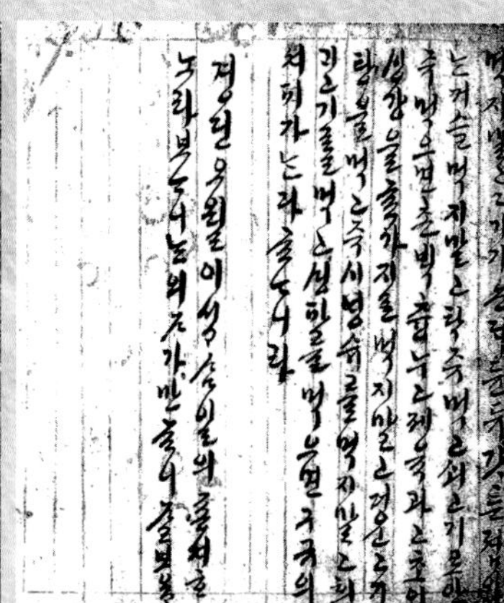

차례

떡류

과정류

음청류

제1부

음식방문

음식재현

주식류

호도죽 | 삼합미음 | 율무의이 | 갈분의이

냉면 | 변씨만두 | 준치만둣국

호도죽

호두를 물에 담갔다가 허물을 벗겨 물과 섞어 쌀 간 것과 갈아 죽 쑤듯 하면 담백한 맛이 절미이고, 해소하는 데 유익하다.

● 재료 및 분량
(4인분 기준)

호두(속껍질 벗긴 것) 1컵(150g)
멥쌀 1컵(150g)
물 8컵(1.6L)

만드는 법

1 호두를 따뜻한 물에 불려 속껍질을 벗긴 후 블렌더에 물 일부를 조금 넣고 간다.
2 멥쌀은 깨끗이 씻어 물에 불려 블렌더에 물 일부를 넣고 간다.
3 냄비에 멥쌀 간 것과 남은 물을 넣고 죽을 쑤어 어우러지면, 호두 간 것을 넣고 한 번 더 끓인다.

❖ 참고사항
호두와 멥쌀의 비율은 1 : 1이 좋다.

삼합미음

북해삼을 담갔다가 돌에 문질러 검은 것을 없애고 동해 홍합을 담갔다가 털이 없게 하여 큰 탕관에 안친다. 그리고 기름기가 없는 쇠고기 1덩이를 함께 넣고 단 물을 부어 숯불에 고아 무르거든 찹쌀 1되를 넣어 고아 체에 밭쳐 3년 묵은 검은 장을 타 먹으면 노인과 소아의 원기를 돕고 병든 사람에게 유익하다.

●재료 및 분량
(4인분 기준)

마른 해삼 120g
마른 홍합 120g
쇠고기(살코기) 120g
물 25컵(5L)
찹쌀 360g
국간장

만드는 법

1 마른 해삼은 물을 부어 하루 정도 담가 불린다. 냄비에 해삼과 새 물을 부어 펄펄 끓인 후 식힌다. 물이 다 식으면 다시 펄펄 끓여 식히기를 10번 정도 반복한다.

2 불린 해삼을 돌로 문질러 깨끗하게 씻어 배를 갈라 내장을 제거하고, 깨끗하게 다시 씻는다.

3 마른 홍합은 물에 불려 털을 제거하고 깨끗이 손질한다.

4 솥에 불린 해삼, 불린 홍합, 쇠고기 덩어리를 넣고 끓인 물을 부어 처음엔 센 불로 끓이다가 약한 불로 푹 곤다.

5 재료가 푹 물러지면 불린 찹쌀을 넣고 다시 곤다.

6 **5**를 체에 밭쳐 그릇에 담고, 국간장을 곁들인다.

❖참고사항

미음은 입쌀이나 좁쌀에 물을 넉넉히 부어 푹 끓여 체에 밭쳐 낸 걸쭉한 음식으로 곡물과 물의 비율을 1 : 10으로 한다. 삼합미음을 끓일 때 물 5L를 넣고 끓이면 미음이 1L 정도가 나온다.

율무의이

율무를 보리쌀처럼 닦아 물에 담갔다가 갈아서 말리어 쑤어 꿀과 먹으면 맛이 아름답고 거습하고, 토질을 없게 하기 때문에 한나라의 복파장군 마원이 군대로 실어간다고 한다. 이 가루로 풀을 쑤어 창호를 바르면 큰 바람에도 떨어지지 않기 때문에 바다의 선창을 바른다고 한다.

●재료 및 분량
(4인분 기준)

율무 135g(율무 전분 1/2컵(40g))
물 12컵(2.4L)
꿀 4작은술

만드는 법

1 율무를 깨끗이 씻어 찬물에 반나절 정도 담근다.
2 **1**에 분량의 물을 붓고 블렌더에 간다.
3 **2**를 베주머니에 넣어 손으로 주물러 짠다.
4 꽉 짠 물을 가라앉혀 윗물은 버리고, 가라앉은 앙금은 종이에 펴서 말린다.
5 두꺼운 냄비에 율무 전분과 물을 넣고 나무주걱으로 잘 저으면서 의이를 쑨다.
6 먹을 때 꿀을 탄다.

❖참고사항
웅이는 의이(薏苡)의 발음이 순한 대로 불린 것으로, 옛날에는 율무를 갈아 전분가루를 내어 두었다가 꿀물에 타서 먹었다. 율무 100g으로 전분을 만들면 약 30g이 나온다.
갈분, 율무, 수수 등을 곱게 갈아 고운체에 쳐서 냉수에 풀어 의이를 쑤어 꿀을 타서 먹기도 한다.

갈분의이

갈분을 오미자국에 꿀로 달게 하여 왜갈분으로(농도를) 맞추어 타서 쑤어 먹으면 더울 때 시원하게 하고, 술병을 풀어주고 설사에 유익하다.

●재료 및 분량
(4인분 기준)

갈분 1/2컵(40g)
오미자 1/2컵
물 6컵(1.2L)
꿀 4작은술

만드는 법

1 오미자는 깨끗하게 씻어서 찬물을 부어 하룻밤 동안 담갔다가 면보에 걸러 오미자국을 준비한다.
2 오미자국에 꿀을 탄다.
3 냄비에 갈분과 2의 오미자국을 부어 약한 불에서 천천히 의이를 쑨다.

❖참고사항
갈분(葛粉)은 칡뿌리에서 얻은 녹말이다.
오미자를 우릴 때는 40℃ 이하의 물에 담근다. 물의 온도가 높아지면 오미자의 떫은맛이 많이 우러나므로 온도에 주의한다.

냉면

동치미 국물에 국수를 넣고 동치미 무와 배와 유자를 썰어 얹고 돼지고기 편육과 달걀 부친 것을 채치고, 후추, 잣가루를 뿌려 먹으면 기이한 맛의 냉면이 된다.

주식류

● 재료 및 분량
(4인분 기준)

메밀국수 320g
동치미 국물 8컵(1.6L)

돼지고기 편육
돼지고기 200g
대파(4cm, 흰 부분) 4토막
마늘 4쪽
생강 1개
된장 1큰술
물 5컵(1L)

고명
동치미 무 40g
배 40g
유자 20g
달걀 1개
후춧가루 약간
잣가루 약간

만드는 법

1 냄비에 물을 부어 펄펄 끓으면 국수를 펼쳐 넣고 한소끔 끓인다. 국수가 끓어 오르면 찬물을 한 대접을 붓고 다시 끓여서 건져 찬물에 헹궈 사리를 지어 둔다.

2 돼지고기에 대파, 마늘, 생강, 된장을 넣고 물에 삶아 식힌 후 1.5×6cm로 썬다.

3 동치미 무와 배는 얇게 썰고, 유자는 겉질 부분만 얇게 채썬다.

4 달걀은 황백을 분리하여 각각 지단을 부치고 4cm 길이로 채썬다.

5 그릇에 국수를 담고 **2**, **3**, **4**의 재료를 보기 좋게 고명으로 얹고 동치미 국물을 붓는다.

6 먹을 때 후춧가루와 잣가루를 뿌린다.

변씨만두

닭을 백숙하여 살을 곱게 다져 심줄을 없게 하고, 잣가루, 후춧가루, 각색의 양념을 기름장으로 간을 맞추어 잠깐 볶는다. 그리고 밀가루를 깁체에 쳐 반죽하여 산승 빚듯 하여 비치게 밀어 귀나게 베어 귀로 싼다. 그리고 닭 삶은 물에 삶아 초장에 찍어 먹는다.

●재료 및 분량
(4인분 기준)

만두피
밀가루 2 1/2컵(240g)
물 8큰술
소금 1/4작은술

만두소
닭고기 1마리(1kg)
잣가루 8큰술
소금 2큰술
다진 파 6큰술
다진 마늘 6큰술
후춧가루 1작은술
기름장(간장 8큰술, 참기름 4큰술)

초장
간장 : 식초 : 물 = 2 : 1 : 1

만드는 법

1 밀가루는 체에 쳐서 소금을 녹인 물로 반죽하여 젖은 면보에 싸둔다.
2 닭고기는 깨끗이 손질하여 물을 붓고 푹 삶아 닭고기는 건지고, 육수는 따로 밭쳐둔다.
3 삶은 닭고기는 찢은 후 곱게 다져서 잣가루와 양념을 넣어 재빨리 볶아 만두소로 한다.
4 **1**의 밀가루 반죽을 밀대로 0.2cm 두께로 얇게 밀어 사방 10cm 크기로 귀나게 잘라 만두피를 만든다.
5 **4**의 만두피에 **3**의 소를 넣어 삼각뿔 모양으로 빚어 끓는 닭 육수에 삶아 낸다.
6 만두를 먹을 때는 초장에 찍어 먹는다.

❖참고사항
《우리말 조리어 사전》(윤숙경)에 의하면 편수는 밀가루나 메밀가루를 얇게 밀어 한 치 사방으로 썰어 돼지고기, 파 등의 만두소를 넣고 삼각뿔 모양으로 싸서 오므려 찌거나 장국에 끓여서 익혀내는 여름 음식으로 알려져 있으나, 《음식방문》에는 산승 빚듯이 한다고 하여 만두피를 삼각형으로 잘라서 삼각뿔 모양으로 만들었고 삼각형을 변씨가 처음 만들었기 때문에 변씨만두라고 전해지고 있다.

준치만둣국

준치를 씻어 토막 내어 도마에 놓고 허리를 꺾어 베 또는 모시나 수건으로 두 머리를 누르면 가시가 수건 밖으로 나올 것이니 낱낱이 뽑아야 가시가 적다. 또는 토막을 잘라 뼈를 다 가려내고 각색 양념하여 다시 준치 토막처럼 만들어 생치만두처럼 녹말을 묻혀 지져 먼저 삶은 물에 꾸미와 유장을 넣어 끓여도 좋다.

● 재료 및 분량

(4인분 기준)

준치 1마리(800g)
파 5큰술
생강 1큰술
마늘 3큰술
소금 1/2큰술
참기름 1큰술
후춧가루 1/4작은술
녹말 1컵

꾸미

다진 쇠고기 50g
간장 1작은술
다진 파 1/2작은술
다진 마늘 1/2작은술
참기름 1/2작은술
후춧가루 1/8작은술

유장

국간장 1작은술
참기름 1/3작은술

쑥갓 10g
담쟁이잎

만드는 법

1 준치는 비늘을 긁고, 내장을 제거하고 씻은 후 토막을 낸다.
2 준치 머리와 뼈는 물을 넣고 끓여서 육수로 쓴다.
3 준치는 찜통에 면보를 깔고 쪄서 껍질과 뼈를 제거한 후 모시보자기나 베보자기에 싸서 눌러 잔가시를 낱낱이 제거한다.
4 3을 양념하여 3×5cm 크기로 준치 토막처럼 빚는다.
5 4에 녹말을 묻혀 뜨거운 김이 오르는 찜통에 담쟁이잎을 깔고 살짝 찐다.
6 다진 쇠고기는 양념하여 볶아 꾸미로 한다.
7 2의 육수에 준치만두를 넣고, 꾸미와 유장을 넣어 끓인 후 쑥갓을 올린다.

◈ 참고사항

원문에는 준치 뼈 없애는 법, 준치만두와 만둣국을 만드는 법이 소개되어 있다.
준치는 진어(眞魚) 또는 시어(鰣魚)라고 한다. 준치만두나 준치탕은 단오 절식음식으로 5~6월이 제철이지만, 지금은 잘 잡히지 않는 귀한 생선이 되었다.

찬물류

완자탕 | 복어탕 | 메기탕 | 잉어탕 | 추포갯국탕 | 왕배탕

열구자탕 | 승기악탕 | 증구법 | 양찜 | 칠향계 | 닭찜 | 봉총찜

메추리찜 | 붕어찜 | 게찜 | 송이찜 | 동화선 | 죽순채 | 설하멱 | 고기구이

제육구이 | 생치구이 | 봉총구이 | 참새구이 | 제육느르미 | 게구이

붕어구이 | 신검채산적 | 위어회 | 염해법 | 게젓 | 청어젓 | 연안식해

민어포 | 진주좌반 | 편포 | 약포 | 임자좌반 | 다시마튀각

미역자반 | 전복다식 | 족편 | 전복침채 | 동치미

생치김치 | 장김치 | 동아섞박지

완자탕

큰 생선을 껍질과 뼈를 없애고 살을 가늘게 다져 후추, 생강, 파, 표고, 유장을 합하여 주물러 밤알 만큼씩 환을 만들어 가운데 잣을 하나씩 넣어 달걀이나 녹말을 씌워 장국에 끓인다.

● 재료 및 분량
(4인분 기준)

흰살 생선(숭어 또는 민어) 600g
물 8컵
녹말 1큰술
달걀 2개
국간장 1큰술
후춧가루 1/8작은술

장국 양념
생강 1쪽
파 1토막(10cm 길이)
청주 1큰술
잣 1큰술

완자 양념
소금 1큰술
국간장 2작은술
다진 파 1큰술
다진 마늘 2작은술
생강즙 1작은술
참기름 1작은술
후춧가루 1/8작은술
녹말 1/2컵

만드는 법

1 민어는 포를 뜬다. 민어의 머리, 뼈와 껍질은 깨끗이 씻어 물을 붓고, 생강, 파, 술을 넣어 생선 장국을 끓여서 고운체에 밭친다.

2 민어살은 곱게 다져 완자 양념을 넣어 고루 치댄 후 녹말가루를 넣어 끈기가 나도록 오래 섞는다. 직경 2.5cm 정도로 동글게 빚은 후 잣을 한 개씩 박는다.

3 **1**의 장국은 국간장으로 간을 맞추고, 끓어오르면 빚은 완자에 녹말을 고루 묻혀 넣고 끓인다. 또는 녹말을 묻히고 달걀을 푼 물에 담갔다 장국에 넣고 끓인다.

4 다 익어 떠오르는 생선 완자를 국그릇에 담고 장국을 붓는다.

❖ 참고사항
녹말만 묻히기도 하는데 녹말을 묻힐 때는 녹말 옷이 적게 묻으면 흩어질 염려가 있어 녹말을 묻혀 삶아 건진 뒤 찬물에 헹구었다가 다시 녹말을 묻혀 3번 정도 반복하기도 한다.

복어탕

하돈(복어)은 피와 알이 매우 독해서 잘못 먹으면 사람한테 해롭다. 호기심에 해를 입는 사람들이 많으니 조심해야 한다. 끓이는 법은 배를 타보면 핏줄이 가로로 있고 세로로도 있으니 칼로 세세히 실 같은 것도 없이 하여 물에 무수히 빨아 등마루를 쪼개어 젖히고 바둑돌 같은 것으로 무수히 두드려 핏기도 없게 뺀다. 그러나 살은 상하지 않게 하고 씻어서 토막을 지어 놓고 노구를 달고 기름을 많이 부어 끓인다. 끓었을 때 생선을 넣는데 끓는 기름이 튀어 사람이 데기가 쉬우니 조심하여 넣는다. 그리고 미나리를 많이 데쳐 넣고 깻국에 무르녹게 오래 끓이면 아주 맛있다. 이리는 독이 없으니 넣고 백반 1조각을 넣어 끓인다. 감동젓(곤쟁이젓)과 흰 새우젓은 해독을 해준다. 대가 검게 될 것이니 젓가락으로 먹으면 안 되고 부지깽이를 댓가지로 하지 않는다. 그을음이 검게 나기 때문에 솥을 한데 걸고 익힌다.

● 재료 및 분량

(4인분 기준)

복어 1마리(600g)
물 5컵(1L)
백반 1조각
미나리 50g
대파 1뿌리(15g)
참깨 1/3컵

양념

새우젓(또는 감동젓) 1작은술
다진 마늘 1작은술
다진 생강 1/2작은술
참기름 1작은술

만드는 법

1 복어는 먼저 입과 눈을 제거한 후 배를 갈라 내장과 핏줄을 꼼꼼히 제거한다.
2 복어의 이리는 독이 없으니 따로 떼어 씻는다.
3 복어의 등마루를 쪼개어 젖혀서 바둑돌로 문질러 핏기를 없앤다.
4 깨끗하게 씻은 복어 살은 한 입 크기로 토막 내어 흐르는 물에 하룻밤을 담가 놓는다.
5 솥을 달구어 참기름을 붓고, 복어를 볶은 후 물을 넣고 끓인다. 이때 이리와 백반을 넣는다.
6 **5**의 복어를 끓인 국물을 떠서 참깨와 함께 갈아 면보에 걸러 짜서 깻국을 준비한다.
7 복어에 깻국과 양념을 함께 넣어 끓인 후 미나리와 대파를 4~5cm 길이로 썰어 넣고, 한소끔 더 끓인다.

❖ 참고사항

복어는 하돈(河豚)이라고도 한다. 복어의 독은 곤쟁이젓이나 새우젓이 해독해준다.
《규합총서》에서는 복어국을 서시유(西施乳)라 하였고, 《증보산림경제》에서는 복어독을 예방하기 위해 양제잎(소루쟁이)을 넣어 끓이라고 기록되어 있다.

메기탕

메기는 물을 끓여 튀할 때에 호박잎으로 문지르면 검고 미끄럽지 않다. 이때에 좋은 고추장에 꿀 기운이 약간 있게 넣어 끓이면 좋다.

●재료 및 분량
(4인분 기준)

메기 1마리(1kg)
호박잎 5~6장
물 3컵
무 50g
미나리 50g
쑥갓 20g
깻잎 20g

양념
간장 1작은술
고추장 2큰술
꿀 1큰술
다진 마늘 1큰술
다진 생강 1작은술

만드는 법

1 메기는 아가미와 내장을 제거하고, 끓는 물에 튀한다.
2 메기는 호박잎을 이용하여 은회색이 되고 미끄러운 점액이 없어질 때까지 문질러 씻는다.
3 손질한 메기는 3cm 크기로 토막 내고, 무는 3×4×0.5cm 크기로 썬다.
4 미나리는 줄기를 4cm 길이로 썰고, 깻잎은 굵게 썰고, 쑥갓은 굵은 줄기는 버리고 잎 부분만 둔다.
5 끓는 물에 무와 양념을 넣어 끓인 후 손질한 메기를 넣어 다시 끓인다.
6 5에 미나리, 쑥갓, 깻잎을 넣고 불을 끈 후 그릇에 담는다.

❖참고사항
메기 1kg을 아가미와 내장 등을 제거하면 650g의 메기를 얻을 수 있다.

잉어탕

잉어는 겨울에 얼음이 언 후가 좋고, 봄에는 풍기를 들게 한다. 그 비늘이 거스르게 붙은 것은 용의 씨이니 먹지 말아야 한다. 살았던 잉어가 죽거든 즉시 매어 달고 꼬리를 찍어 피를 떨어지게 하면 비린 맛이 없어진다. 죽은 잉어는 배를 타고 보면 핏줄기가 그 등의 두 편으로 괴었을 것이니 긁어 없앤다. 그리고 칼로 찔러 아가미의 누른 즙을 없애고 끓이면 비린 맛이 없을 것이다. 행여 비늘을 거스르지 말고 토막을 잘게 말아 크게 베어 솥 가운데에 넣고 물을 부어 오래 끓여 물이 삼분의 일이 줄거든 초장을 타고 탁주 한 보아를 부어 고쳐 끓이면 그 즙이 맛이 진하고 냄새가 좋아서 죽 같을 것이다. 이때 내어 쓴다. 또 다른 방법은 솥에 물을 많이 붓고 청주 한 보아 반을 부어 물이 닳도록 고아 내어 초장에 먹는다. 이 두 법은 다 생선이 반만 익거든 생강, 파, 마늘을 알맞게 넣어 고아서 생선 알을 두었다가 반쯤 익거든 넣는다.

● 재료 및 분량

(4인분 기준)

잉어 1마리(1kg)
물 25컵(5L)
생강 30g
대파 100g
마늘 50g
소금 1큰술
식초 2큰술
탁주 1컵

만드는 법

1 잉어는 매어 달고 꼬리를 찍어 피를 떨어지게 한다.

2 배를 가르고 내장과 아가미를 제거하고, 등 쪽에 괴어 있는 피를 긁어 없앤다.

3 비늘을 벗기지 말고, 토막을 크게 내어 솥에 넣어 뜨거운 물을 부어 끓인다.

4 생강은 껍질을 벗기고 얇게 저미고, 대파는 3~4cm 길이로 썬다.

5 잉어가 반쯤 익었을 때 생강, 파, 마늘을 넣고 물이 1/3로 줄 때까지 끓인다.

6 **5**에 소금, 식초, 탁주를 부어 다시 잉어 뼈가 문드러지게 죽과 같이 되도록 끓인다.

❖ 참고사항

잉어를 매달아 피를 빼면 비린내가 나지 않는다. 초장과 탁주를 부어 끓이면 맛과 냄새가 좋아진다.

추포깻국탕

추포는 물에 불려 썰어 닭물에 깻국을 걸러 합하여 여름에 쓰면 담이 삭고 연계찜에 넣어도 좋다.

재료 및 분량
(4인분 기준)

마른 오징어 1/2마리
닭 1마리(1.2kg)
달걀 1개

육수
물 10컵(2L)
생강 10g
마늘 1통
소금 1작은술
참깨 1/2컵

완자
쇠고기 30g
두부 10g
소금 1/3작은술
다진 파 1작은술
다진 마늘 1/2작은술
참기름 1/3작은술
후춧가루 1/8작은술

만드는 법

1 마른 오징어는 물에 불려 골패쪽으로 썬다.
2 닭은 깨끗이 씻어서 살을 발라내고, 살코기는 골패쪽으로 썬다.
3 닭뼈는 편으로 썬 생강과 마늘을 넣고, 물을 부어 2시간 정도를 삶아 육수를 낸 후 면보에 거른다.
4 닭 육수에 닭살을 넣어 다시 끓인다.
5 4의 국물을 떠서 참깨를 넣고 갈아서 면보에 걸러 깻국을 만든다.
6 4에 깻국을 넣어 끓이고, 불린 오징어를 넣어 끓인 후 소금으로 간을 맞춘다.
7 다진 쇠고기와 으깬 두부에 양념하여 직경 1.5cm 크기로 완자를 빚어 6에 넣어 끓인다.
8 그릇에 담고, 위에 달걀 황백지단을 완자 모양으로 썰어 올린다.

참고사항

추포는 오징어 말린 것을 말한다. 추포탕은 복중 음식으로 《한국의 음식용어》, 《우리나라 음식 만드는 법》 등에 기록되었다. 《한국의 음식용어》에서는 쇠고기와 내장을 함께 우린 고기 국물에 깻국을 첨가한 국을 추포탕이라 기록하였다. 추포탕은 조리서에 따라 주재료와 요리법을 달리하고 있다. 특히 《음식방문》에는 추포탕의 효능까지 기록하였다.

왕배탕

자라는 뽕나무로 고면 쉽게 무른다. 세발 가진 자라는 매우 독하니 먹으면 안 된다.

● 재료 및 분량
(4인분 기준)

자라 1마리(800g)
물 5컵(1L)
간장 2큰술
참기름 2큰술
대파 1/2뿌리
생강 1개
산초가루 1/2작은술
후춧가루 1/8작은술

만드는 법

1 자라의 목을 베어 피를 빼고 등딱지를 떼어낸 후 내장을 바르고 몸통을 4등분한다.

2 손질한 자라는 끓는 물에 넣었다 꺼내어 미끈한 껍질을 벗기고 더러운 것을 말끔히 씻어낸다.

3 냄비에 손질한 자라를 넣어 물, 간장, 참기름을 넣고 1시간 동안 푹 끓인다.

4 대파는 5cm 길이로 토막 내어 굵게 채 썰고, 생강은 껍질을 벗겨 가늘게 채썬다.

5 익은 자라의 살을 발라 대파, 생강, 산초가루, 후춧가루를 넣어 양념하여 다시 끓인다.

생치, 진계, 해삼, 전복, 양, 천엽, 부화, 곤자소니, 골, 제육, 도라지, 순무, 미나리, 파, 박고지, 대하, 표고, 생선을 다 방정하게 갸름갸름 잘게 썰어 기름을 쳐 지진다. 그리고 골과 생선과 미나리는 전으로 달걀을 씌워 지진다. 제육이 많아야 좋다. 이 모두를 그릇에 담는다. 그리고 생선은 빛이 고운 것으로 하고, 달걀은 황백색으로 전유어같이 부쳐 썰어 생치소를 양념하여 찹쌀조악을 잘게 빚어 생치소를 넣어 지진다. 각색의 것을 색 있게 친합에 넣듯 엽엽이 담고 달걀을 황백색으로 빛 곱게 붓고 게 검은 장을 달걀을 조금 섞어 기름, 소금을 쳐 부치면 빛이 주황색 같을 것이다. 귀나게 베어 위에 좋은 흰떡을 얇게 썰고 가는 국수를 서너 치 길이로 잘라 조악과 한 가지로 담았다가 열구자탕 그릇에 붓는다. 끓거든 흰떡과 국수와 조악을 한데 넣어 끓여내어 후춧가루를 뿌린다. 모리가 쓰이지 않았으니 고기를 모리하여 달걀에 지진다.

열구자탕

●재료 및 분량
(4인분 기준)

닭고기(삶은 것) 100g
양 100g
부아 150g
곤자소니 100g
등골 50g
천엽 80g
돼지고기(안심) 70g
꿩고기(다진 것) 50g
해삼 1마리
전복 1개
대하 2마리
도라지 50g
무 200g
미나리 50g
대파 1대
박고지(불린 것) 50g
표고(불린 것) 3개
흰살 생선 50g
달걀 5개
찹쌀가루 1컵
대추 3개
가래떡 50g
가는 국수 100g

탕거리 삶을 때
파뿌리 2대
마늘 3쪽
생강 2쪽
통후추 1작은술

탕거리 양념
국간장 2큰술
다진 마늘 1/2큰술
참기름 1/2큰술
후춧가루 1/8작은술

꿩고기 양념
소금 1/2작은술
다진 파 1작은술
마늘 1/2작은술
생강즙, 깨소금, 참기름, 후춧가루 약간

만드는 법

1 닭은 삶아서 건진 뒤 살은 먹기 좋게 찢어놓고, 남은 뼈는 다시 육수에 넣어 진한 육수를 낸다.

2 양, 부아, 곤자소니, 천엽은 손질하여 밀가루로 바락바락 주물러 잡냄새를 없앤다. 끓는 물에 파뿌리, 마늘, 생강, 통후추를 넣고 누린내가 나지 않게 무르게 삶아 얇게 저며 썬다.

3 돼지고기도 납작하게 썬다. 삶은 고기들과 돼지고기를 탕거리 양념으로 각각 양념한다.

4 무는 큰 토막으로 잘라 함께 삶아 고기처럼 납작하게 썰고, 손질한 도라지와 표고도 탕거리 양념을 한다. 파는 반으로 갈라 3cm 길이로 썬다.

5 해삼과 전복은 골패쪽으로 썰고, 대하는 데쳐서 반으로 저며 같은 크기로 썬다.

6 찹쌀가루를 익반죽하여 다져서 양념한 꿩고기소를 넣고 밤톨만하게 주악을 빚어 기름에 지진다.

7 달걀 3개는 황백을 나누어 노른자에는 간장을 약간 넣어 도톰하게 부치고, 흰자는 흰지단으로 부친다. 미나리와 불린 박고지는 꼬지에 꿰어 밀가루와 달걀을 씌워서 초대를 부쳐 골패쪽으로 썬다.

8 등골은 넓게 펴서 꼬치에 꿰어놓는다. 생선살은 넓게 포를 떠서 각각 소금, 후춧가루, 생강즙으로 밑간하여 밀가루를 묻힌 뒤 달걀에 담가 전을 지진 후 골패쪽으로 썬다.

9 신선로 틀 바닥에 삶은 닭과 고기와 양, 부아, 곤자소니를 양념한 것을 깐 다음 양념한 돼지고기를 넣고 무, 도라지, 표고 등 채소를 양념한 것들을 그 위에 편편히 놓는다. 다시 그 위에 골패쪽으로 썬 전들을 색을 맞추어 돌려 담는다. 대추는 씨를 빼고 말아서 동글게 썰어 고명으로 쓴다.

10 신선로 국물은 닭 육수와 고기 삶은 국물들을 합하여 끓여 식혀서 기름을 걷어내고 청장과 소금으로 간을 맞춘다.

11 가래떡은 어슷 썰어 놓고, 국수는 심이 없도록 삶아 찬물에 헹구어 건져 작게 사리를 만들고, 지진 주악과 함께 한 그릇에 모아 담는다.

12 신선로에 불을 피운 숯을 가운데에 넣고 뚜껑을 덮어 끓인다. 끓어오르면 덜어 먹으면서 국물을 더 붓고 국수나 주악 떡을 넣어 먹는다.

승기악탕

살찐 진계를 머리와 발을 없애고 내장 내고 속에 술 1잔, 기름 1잔, 좋은 식초 1잔을 쳐 죽침으로 끼우고 박고지, 표고, 파, 제육기름기를 많이 썰어 넣고 수란을 까 넣고 금중탕을 만들면 이것이 왜관음식으로 기악보다 낫다.

●재료 및 분량
(4인분 기준)

닭 1마리(삶은 닭고기 200g)

닭 삶는 양념
청주 3큰술
참기름 3큰술
식초 3큰술
소금 2작은술

돼지고기(삼겹살) 70g
박고지(불린 것) 50g
표고(불린 것) 2개
대파 1대
달걀 2개

닭 · 돼지고기 · 채소 양념
국간장 3큰술
다진 마늘 2큰술
생강즙 2작은술
참기름 1큰술
후춧가루 1/8작은술

만드는 법

1 닭의 내장을 긁어내고, 기름을 제거한 뒤 깨끗이 씻는다.

2 닭 뱃속에 청주, 참기름, 식초, 소금을 넣고, 대꼬치로 찔러 끓는 물에 넣어 삶는다. 닭이 익으면 건져서 다리를 떼고 몸통을 잘라 놓고, 육수는 소금으로 간 맞춘다.

3 돼지고기는 얇게 썰고, 표고는 물에 불렸다가 곱게 썬다.

4 박고지는 소금을 넣고 주물러 씻어 불린 후 물기 짜고, 4cm 길이로 자르고, 대파도 같은 길이로 썬다.

5 돼지고기, 삶은 닭고기, 표고, 박고지, 대파를 각각 양념하여 냄비에 깔고 삶은 닭 육수를 붓고 끓인다. 끓어오르면 달걀을 풀어 위에 얹는다.

증구법

살찐 개를 법대로 잡아 씻지 말고 다만 창자를 깨끗하게 씻어 청장에 고추를 조금 섞어 기름, 깨소금, 고춧가루, 미나리, 파와 함께 삶는다. 나물은 반쯤 익힌 후에 넣어 솥뚜껑을 제쳐 덮고 물을 부은 후에 수건으로 테를 둘러 김이 나가지 않게 한다. 끓는 소리가 들리거든 불을 잠깐 물렸다가 뚜껑 물을 푸고 찬물을 다시 부어 아주 약한 불로 땐다. 이처럼 하여 불 때기를 3번 하면 고기가 무르고 뼈가 저절로 빠진다. 견고한 나무로 하지 말고 빈 가마니 3닢만 하면 촉촉하다. 고아 내어 고기대로 섞고 칼을 대지 않고 내장은 썰어 간을 맞추어 삶은 국에 넣어 끓이되, 양념을 갖추어 (밀)가루를 많이 풀면 용열해진다.

● 재료 및 분량
(4인분 기준)

개고기 500g
창자 100g
밀가루 2큰술
물 12컵(2.4L)
풋고추 20g
미나리 100g
삶은 토란대 50g
부추 50g
깻잎 50g
대파 50g

양념
국간장 2큰술
참기름 1큰술
깨소금 1작은술
고춧가루 1큰술

만드는 법

1 개고기의 살코기는 씻지 않고, 창자는 밀가루로 주물러서 깨끗하게 씻는다.
2 풋고추는 어슷 썰고, 미나리, 삶은 토란대, 부추는 5~6cm로 자르고, 깻잎과 파는 같은 길이로 굵게 채썬다.
3 압력솥에 물을 붓고 개고기와 창자를 통째로 넣고 양념과 토란대를 넣고 삶는다.
4 고기가 익으면 꺼내어 고기 결대로 찢고, 창자도 먹기 썰어 다시 솥에 넣고 한소끔 끓인다.
5 4에 풋고추, 미나리, 부추, 깻잎, 대파를 넣고 다시 끓인다.
6 먹을 때 식성에 따라 들깨가루와 산초가루를 넣는다.

◆ 참고사항
예전에는 솥뚜껑을 제쳐 덮고 물을 부은 후에 수건으로 테를 둘러 김이 나가지 않게 한 다음, 끓는 소리가 들릴 때 불을 끄고, 솥뚜껑의 물을 찬물로 갈아준 후에 약한 불로 익혔다. 이것을 3번 되풀이하였는데 압력솥을 이용하면 시간도 절약되고 개고기도 다 물러서 손으로 찢기에 편하다.

양찜

양의 깃을 얇게 저며 소금을 넣어서 주무른다. 그리고 소도 미찜(해삼찜)의 소하듯이 하여 그 양을 싼다. 겉은 가루를 묻히고 달걀을 씌워 지져 즙도 미찜(해삼찜)즙을 하듯 하고 달걀을 풀되 송송하게 풀어야 좋다.

● 재료 및 분량
(4인분 기준)

양깃머리 800g
굵은 소금 2큰술
쇠고기 100g
육수 2컵
달걀 1개
지짐용 기름 2큰술

고기 양념
간장 1큰술
설탕 1/2큰술
다진 파 2작은술
다진 마늘 1작은술
참기름 1작은술
깨소금 1/2작은술
후춧가루 1/8작은술

밀가루즙
밀가루 2큰술
물 4큰술

만드는 법

1 양깃머리는 굵은 소금으로 문질러 씻은 후 끓는 물을 끼얹으며, 전복 껍데기로 표면을 긁어 검은 것을 없애고 깨끗하게 다시 씻는다.

2 손질한 양깃머리는 얇게 저며서 칼끝으로 잔 칼집을 많이 넣는다.

3 쇠고기를 곱게 다져서 양념한 후 손가락 굵기로 소를 빚는다.

4 고기소를 **2**의 양깃머리로 감싼 후 밀가루와 달걀을 차례로 입혀 달구어진 팬에 기름을 두르고 지진다.

5 냄비에 육수를 끓이다가 지져낸 양을 넣고, 밀가루즙을 풀어 한소끔 끓인다.

6 **5**에 달걀을 풀고 잠깐 다시 끓인다.

칠향계

살찌고 묵은 진계를 깨끗하게 튀하여 배를 가르지 말고 아래로 내장을 뺀다. 속을 깨끗하게 씻고 삶은 도라지 1줌, 생강 4~5편, 파 1자밤, 천초 1자밤, 간장 1종지, 기름 1종지, 초 1 1/2종지 이상 7가지를 닭 속에 넣고 남은 양념은 한 가지로 하되, 항아리에 넣어 유지로 부리를 동여매고 사기접시로 덮어 솥 가운데 수중기로 중탕하여 쓴다.

●재료 및 분량
(4인분 기준)

토종닭 1마리(1.5kg)
도라지 100g
생강 30g
대파 100g
천초가루 10g
간장 3큰술
참기름 3큰술
식초 1 1/2큰술

만드는 법

1 닭은 내장을 빼고 속을 깨끗하게 씻는다.
2 도라지를 찢어서 끓는 물에 삶는다.
3 생강을 껍질을 벗겨 0.5cm 두께로 썬다.
4 대파는 6~7cm 길이로 썰어 2~4등분한다.
5 도라지, 생강, 대파, 천초가루, 간장, 참기름, 식초 등의 7가지 재료를 섞는다.
6 닭의 뱃속에 **5**를 채워 넣고 다리를 가로 질러 속의 내용물이 빠지지 않게 한다.
7 항아리에 닭을 안치고 주둥이를 기름종이로 덮어 봉한 후 사기접시로 덮는다.
8 솥에 물을 붓고 **7**의 항아리를 넣어 2시간 동안 중탕한다.

메추리찜

메추리찜을 하려면 껍질이 상하지 않게 털을 뜯어 머리와 내장은 버리고 깨끗하게 씻는다. 쇠고기를 가늘게 다져 각색 양념과 유장을 알맞게 하여 속에 소를 넣는다. 나물, 파, 미나리 약간과 표고, 송이, 죽순 말린 것을 불리고 유장, 후춧가루를 합하여 가루즙을 약간 넣는다. 이때 국을 바특하게 제몸 젖을 만큼 하여야 좋다.

● 재료 및 분량
(4인분 기준)

메추라기 4마리(400g)
쇠고기 150g
고사리 50g
도라지 50g
대파 40g
미나리 50g
표고 40g
송이 40g
죽순 50g
후춧가루 1/4작은술
물 3컵

소 양념
참기름 2작은술
간장 2작은술
다진 파 2작은술
다진 마늘 2작은술
깨소금 2작은술
후춧가루 1/8작은술
설탕 1작은술

유장
참기름 2큰술
간장 2작은술

밀가루즙
밀가루 1큰술
물 3큰술

만드는 법

1 메추라기는 손질하여 깨끗이 씻는다.
2 쇠고기는 곱게 다져 양념하여 소로 한다.
3 메추라기 몸통에 쇠고기소를 넣어 채운다.
4 고사리, 도라지, 미나리는 5~6cm로 썰고, 표고·송이·대파는 같은 길이로 굵게 채썬다.
5 죽순은 빗살무늬로 얇게 썬다.
6 솥에 메추라기를 넣고 고사리, 도라지, 파, 미나리, 표고·송이, 죽순을 넣는다.
7 **6**에 물 3컵을 붓고 유장, 후춧가루, 밀가루즙을 넣고 끓인다.

붕어찜

큰 붕어는 비늘을 거슬려 씻어 칼로 등마루를 쪼개어 속을 낸다. 그리고 만두소처럼 양념으로 고기소 하여 속에 넣고 좋은 초를 두어 숟가락을 치고 붕어 입 가운데에 백분을 조금만 쪼개어 넣고 녹말을 묻혀 노구솥에 물을 조금 붓고 유장을 알맞게 쳐 아주 약한 불로 끓이되 밀가루와 달걀을 푼다.

●재료 및 분량
(4인분 기준)

붕어 3마리(1kg)
식초 3큰술
백반 3조각
녹말 3작은술

양념
간장 1작은술
참기름 3작은술
물 2컵

소
쇠고기 50g
두부 15g

소 양념
간장 1작은술
다진 파 1작은술
다진 마늘 1작은술
깨소금 1/2작은술
후춧가루 1/8작은술

밀가루즙
밀가루 1큰술
물 3/4컵
달걀 1개

만드는 법

1 붕어의 비늘을 긁고, 칼로 등마루를 쪼개어 내장을 빼낸다.
2 붕어 입안에 백반 조각을 끼우고 실로 동여 맨 후 식초를 뿌린다.
3 쇠고기는 곱게 다지고, 두부는 면보에 싸서 으깬다.
4 **3**에 소 양념을 한다.
5 붕어 뱃속에 녹말을 뿌린 후 **3**의 소를 넣고 다시 녹말을 뿌려 갈라진 등을 붙인다.
6 바닥이 두꺼운 냄비에 붕어와 참기름, 간장, 물을 넣고 끓인다.
7 붕어를 그릇에 담고, 남은 육수에 물과 밀가루를 넣고 끓으면 달걀을 풀어 붕어 위에 끼얹는다.

◆참고사항
붕어에 식초를 뿌리는 것은 단백질을 응고시켜 살을 단단하게 해주며, 백반은 민물고기의 흙냄새와 비린내를 잡아주기 위한 것이다.

찬물류

송이찜

송이 껍질을 벗기고, 줄기를 도려내어 벗겨 우린 것을 엷게 저민다. 그리고 줄기도 예사로이 저며 황육과 제육을 가늘게 다져 각색 양념하여 잘 섞어서 대소는 임으로 하고 송이 저민 것으로 소를 덮어 싸고 진말을 묻혀 달걀을 씌워 지진다. 그런 후에 국을 꾸미 많이 하여 넣어 끓이다가 송이 지진 것을 넣어 한소끔 끓여 가루 즉을 잠깐 타서 달걀을 두 가지로 부쳐 양념으로 넣고 후추와 잣가루를 뿌려 쓴다.

● 재료 및 분량
(4인분 기준)

송이 12개
쇠고기 50g
돼지고기 50g
밀가루 2큰술
달걀 2개
후춧가루 1/8작은술
잣가루 1큰술

고기 양념
간장 1큰술
다진 파 2작은술
다진 마늘 1작은술
생강즙 1작은술
참기름 1작은술
깨소금 1작은술
후춧가루 1/8작은술

국물
쇠고기 50g
소금 1/2작은술
다진 마늘 1작은술
후춧가루 1/8작은술
물 2컵

밀가루즙
밀가루 2큰술
물 4큰술

만드는 법

1 송이는 손질하여 0.3cm 두께로 버섯의 모양을 살려 썬다.
2 쇠고기와 돼지고기는 곱게 다져 양념하여 소로 준비한다.
3 소를 손가락처럼 빚고 저민 송이를 양쪽으로 붙인 후 밀가루와 달걀을 씌워서 지진다.
4 달걀은 황백으로 나누어 얇게 지단을 부쳐 채썬다.
5 쇠고기는 다져서 양념하여 볶다가 찬물을 부어 끓여서 육수로 한다.
6 5에 송이 지진 것을 넣어 한소끔 끓인 후 밀가루즙을 넣어 다시 끓이고 후춧가루를 뿌린다.
7 그릇에 담고, 잣가루와 달걀 황백지단을 위에 올린다.

동화선

서리 맞은 동아를 센 껍질 벗기고 속을 모두 긁어 깎아 속이 없게 한다. 그리고 단단한 살만 가지고 두께는 도독하게 하고 가장자리는 화전같이 둥글게 저며 만든다. 그런 후에 오이생채만큼 절여 물에 씻어 보자기에 잘 싸 놓고 노구솥을 달궈 기름 많이 쳐 잠깐 볶아 겨자즙에 담았다가 하룻밤이 지나거든 쓴다. 여러 날 두어도 좋다. 좋은 연한 배추도 같은 모양으로 만들어 섞어도 좋다. 동아를 동그랗지 않고 호박나물같이도 만든다.

● 재료 및 분량
(4인분 기준)

동아 300g
소금 1/2작은술
국간장 1/2작은술
참기름 1큰술

겨자즙
겨자가루 1작은술
물 5큰술

만드는 법

1 동아는 껍질을 벗기고 속을 긁어낸다.
2 손질한 동아를 2×3×0.5cm의 크기로 썰고, 가장자리를 둥글게 오린다.
3 2를 소금에 절인 후 물에 씻어 면보에 싸 눌러 짠다.
4 달군 솥에 기름을 두르고 3을 넣고 국간장을 넣고 볶는다.
5 겨자즙에 4를 담가 하룻밤 동안 재어 두었다가 쓴다.

❖ 참고사항
동아는 성질이 차고 맛이 달면서 담백하다. 동화선을 할 때는 국간장을 쓰는 것이 맛이 더 좋다.

죽순채

죽순을 얇게 저며 썰고 데쳐 담갔다가 고기와 꿩고기 같은 것을 많이 두드려 넣는다. 그리고 표고, 석이, 파, 후추 양념을 갖추고 기름을 많이 치고 밀가루를 조금 넣고 볶아 쓴다. 먼 데서 절여 온 것이거든 여러 날 거듭 담가 퇴염하여 쓴다.

● 재료 및 분량
(4인분 기준)

죽순 200g
쇠고기 30g
꿩고기 30g
표고 3개
석이 2개
쪽파 5뿌리
밀가루 2큰술
식용유

고기 양념
간장 1작은술
설탕 1/2작은술
다진 파 1작은술
다진 마늘 1/2작은술
참기름 1/2작은술
후춧가루 1/8작은술

버섯 양념
간장 1작은술
설탕 1/2작은술
다진 파 1/2작은술
다진 마늘 1/4작은술
참기름 1/2작은술
후춧가루 1/8작은술

양념
소금 1작은술
참기름 1큰술
후춧가루 1/8작은술

밀가루즙
밀가루 1큰술
물 2큰술

만드는 법

1 죽순은 세로로 잘라 빗살무늬를 살려서 얇게 썬 후 끓는 물에 데친다.
2 쇠고기와 꿩고기는 곱게 다지고, 표고버섯은 미지근한 물에 불려서 기둥을 떼고 채썬 후 각각 양념한다.
3 석이버섯은 끓는 물을 부어 불린 후 돌과 이끼를 제거하고 깨끗하게 씻어서 채썰고, 쪽파는 3~4cm로 썬다.
4 달구어진 팬에 기름을 두르고 양념한 쇠고기를 먼저 볶다가 죽순, 표고를 넣어 볶는다. 잘 어우러지면 밀가루즙을 넣어 다시 살짝 볶는다.
5 4에 석이와 쪽파를 넣고 섞은 후 불을 끄고 그릇에 담는다.

설하멱

설하멱(雪下覔)은 '눈오는 날 찾는다'는 말로 지금 '석이멱'이라 하는 것은 와전된 것이다. 이것은 등심살을 넓고 길게 저미되 전골고기보다 매우 두껍게 저며 칼로 경경이(가볍게) 두드려 잔금을 에워 유장에 주물러서 숯불을 피워 재로 잠깐 덮고 굽되 고기가 막 익어 끓거든 냉수에 담갔다가 굽기를 세 번 한 후 그쳐 유장과 생강, 파, 후추 양념을 갖추어 발라 구워 주어야 연하다.

●재료 및 분량
(4인분 기준)

쇠고기(등심) 400g

양념
다진 파 2큰술
다진 마늘 1큰술
생강즙 1작은술
후춧가루 1/8작은술

유장
소금 1작은술
간장 2큰술
참기름 2큰술

만드는 법

1 쇠고기를 두께 1cm 정도로 두껍게 썰어 칼등으로 가볍게 두드려서 고기를 연하게 한다.
2 손질한 고기에 유장의 반을 먼저 넣고 주물러 양념한다.
3 달구어진 석쇠에 양념한 고기를 올려 굽다가 겉이 익기 시작하면 냉수에 담갔다가 식혀 다시 굽는데, 이 과정을 3번 반복한다.
4 나머지 유장에 다진 파, 다진 마늘, 생강즙, 후춧가루를 넣고 구운 고기에 발라 양념한 뒤 한 번 더 석쇠에 올려 굽는다.

고기구이

쇠고기를 구울 때 참깨꽃을 말려 가루 내어 고기 위에 잠깐 뿌리면 기름이 흘러내리지 않는다. 산적도 이 법대로 하면 좋다.

• 재료 및 분량
(4인분 기준)

쇠고기(등심이나 안심) 400g
참깨꽃가루 3큰술

쇠고기 양념
간장 2큰술
소금 1작은술
다진 파 2큰술
다진 마늘 1큰술
참기름 2작은술
후춧가루 1작은술

만드는 법

1 쇠고기를 1cm 정도의 두께로 두툼하게 산적감으로 떠서 잔칼질을 한다.
2 양념장을 고기에 발라 재어놓는다
3 참깨(들깨)꽃을 따서 말려서 가루로 빻는다.
4 달구어진 석쇠에 양념한 고기를 올리고, 위에 참깨꽃가루를 고루 뿌려서 직화로 굽는다.

❖ 참고사항
산적으로 하려면 굵게 썰어 꼬치에 끼워 같은 방법으로 굽는다.

제육구이

돼지고기 큰 덩이를 쇠꼬챙이로 꿰어 숯불에 비추어 굽는다. 구울 때 속뜨물에 여러 번 담가 도로 굽는다. 그 후에 대꼬챙이로 살을 두루 찔러 유장과 양념하여 발라 구워 저며 쓴다. 이것이 중원(中原)에서 제육을 굽는 방법이다.

● 재료 및 분량
(4인분 기준)

돼지고기(등심) 1kg
속뜨물 10컵(2L)

유장
간장 1큰술
참기름 3큰술

양념
후추 1작은술
생강즙 2작은술
다진 마늘 2작은술
다진 파 1큰술
설탕 1작은술

만드는 법

1 돼지고기 덩어리를 쇠꼬치에 꿰어 숯불에 돌려가며 굽는다.
2 반쯤 익으면 속뜨물에 잠깐 담갔다 꺼내 다시 굽기를 3~4차례 한다.
3 돼지고기가 익으면 대꼬치로 사방을 찌른 다음, 유장에 양념을 섞어 바르면서 굽는다.
4 얇게 썰어 담는다.

❖ 참고사항
요즘에는 구울 때 오븐을 사용하면 편리하다.
속뜨물은 곡식을 여러 번 씻은 다음에 나오는 깨끗한 뜨물이다.

생치구이

꿩고기는 물을 적신 백지에 틈이 없게 싸서 굽는다. 반쯤 익거든 종이를 벗기고 기름과 소금을 섞어 발라 다시 굽는다.

찬물류

● 재료 및 분량
(4인분 기준)

꿩 1마리(700~800g)

유장
소금 1큰술
참기름 3큰술
생강즙 1작은 술

만드는 법

1 꿩은 털을 뽑고 배를 갈라 내장을 뺀 후 쫙 펼쳐 누른 후 젖은 면보로 깨끗이 닦아낸다.
2 손질한 꿩을 물에 적신 한지로 틈이 없도록 꼭꼭 누르면서 싼다. 꿩은 그대로 통으로 하거나 몸통살과 다리살을 나누어서 각을 떠서 할 수도 있다.
3 석쇠에 올려 직화에서 물칠을 해가며 굽다가 반쯤 익으면 한지를 벗기고, 소금, 참기름, 생강즙을 잘 섞은 유장을 발라 양념한다.
4 꿩고기가 완전히 익도록 약불에서 유장을 계속 바르며 태우지 말고 서서히 굽는다.

❖ 참고사항
《규합총서(閨閤叢書)》, 《임원십육지(林園十六志)》정조지, 《이씨 음식법(飮食法)》, 《시의전서(是議全書)》, 《부인필지(婦人必知)》, 《주식시의(酒食是儀)》, 《주찬(酒饌)》, 《역주방문(歷酒方文)》, 《규곤요람(閨壼要覽)》 등의 1800년대 다른 문헌에도 같은 방법으로 기록되어 있다.

봉총구이

꿩을 털이 없게 뽑을 때, 가죽이 상하지 않게 깨끗하게 뜯어 사각을 떠 다리 껍질을 통으로 자루처럼 벗겨 제친다. 아랫마디 뼈만 두고 윗마디는 베어내고 살을 긁어낸다. 다른 꿩고기 살과 쇠고기를 섞어 두드려 심줄이 없게 하고 생강, 파, 후춧가루를 내어 섞어 유장을 섞어 주물러 소반 위에 펴고 큰 꿩 모양으로 만든다. 제 껍질과 다리 아래 뼈를 없애지 않고, 다시 씌워 꿩다리 원래 모양을 만든다. 구이로 쓰려면 종이 위에 놓아 반숙한 후 유장을 발라 쓴다. 꿩 모양으로 만든 것에 한지로 싸서 물을 묻히면서 석쇠에 놓아 굽는다.

●재료 및 분량
(4인분 기준)

꿩 1마리
쇠고기(우둔) 100g

고기 양념
소금 1/2작은술
간장 1작은술
다진 파 2작은술
다진 마늘 1작은술
다진 생강 1/2작은술
깨소금 1작은술
참기름 1작은술
후춧가루 1/8작은술

만드는 법

1 꿩은 껍질이 상하지 않게 털을 잘 뽑고, 사각을 떠서 다리는 남긴다. 꿩 껍질을 잘 뜯고 몸통의 살을 모두 발라낸다.
2 다리는 껍질이 자루처럼 되도록 뒤집어 제쳐 벗긴다. 다리뼈의 끝마디만 남기고 윗마디는 잘라내고 살은 모두 발라낸 다음 다진다.
3 쇠고기는 기름기 없는 살코기만을 곱게 다진다.
4 다진 꿩고기와 쇠고기를 고기 양념한 다음 뭉쳐서 소반 위에 놓고 꿩 다리 모양으로 만든다. 이것을 끝에 뼈가 붙어 있는 주머니 모양의 꿩 껍질 안에 원래의 모양대로 채우고, 몸통은 꿩의 껍질 안쪽에 밀가루를 얇게 뿌린 뒤 고기반죽을 채우고 감싸서 대나무 꼬치로 껍질 끝부분을 고정하여 벗겨지지 않도록 한다.
5 한지로 싸서 석쇠에 올려 굽는데 계속 물을 묻히며 타지 않게 은근히 굽는다.

제육느르미

돼지고기 뼈를 빼되 기름진 대로 얇게 백지같이 저며 만두소처럼 하여 넣는다. 녹말가루를 묻혀 적곳의 가를 걸어 잠깐 지져 느르미즙을 얹어 반찬에 쓴다.

찬물류

●재료 및 분량
(4인분 기준)

돼지고기(삼겹살) 200g
돼지고기(살코기) 200g
녹말 1/2컵

돼지고기 양념
간장 1큰술
설탕 1작은술
다진 파 10g
다진 마늘 10g
다진 생강 5g
참기름 1큰술
깨소금 1작은술
후춧가루 1작은술

느르미즙
녹말 1작은술
간장 1작은술
물 3큰술

만드는 법

1 돼지고기는 얇게 저며 1mm 두께로 밀대로 민다.

2 살코기는 곱게 다져 양념하여 소로 한다.

3 **1**의 돼지고기에 **2**의 소를 넣고 돌돌 만다.

4 녹말을 묻혀 꼬치에 꿰어 팬에 노릇하게 굽는다.

5 녹말에 물과 간장을 넣고 잘 개어 중탕하여 느르미즙을 만든다.

6 구운 돼지고기를 접시에 담고 느르미즙을 끼얹는다.

게구이

생게 장을 긁어 그릇에 담는다. 그리고 게딱지와 발은 칼로 두드려 체에 걸러 즙을 낸다. 그 후에 긁은 검은 장을 섞고 생강, 파를 가늘게 두드려 후춧가루를 넣어 달걀을 섞어 녹말이나 진말을 조금 넣어 한데 합한다. 그런 후에 대통 밀 마디가 뚫리지 않은 것으로 쪼개어 다시 맞추고 노끈으로 틈이 없이 동여맨다. 그런 후에 게즙을 붓고 부리를 막아 익게 삶은 후 동여맨 것을 풀고 대를 갈라 빼어 낸다. 그러면 둥그런 것이 날 것이니 마음대로 썰어 꼬치에 꿰어 유장을 발라 구우면 맛이 아름답고 좋다. 그러나 성가시고 귀찮다면 아무 그릇에나 담아 찌거나 중탕하거나 하여 굽는다.

●재료 및 분량
(4인분 기준)

생게 2마리
달걀 6개
밀가루 2큰술
다진 파 1작은술
다진 생강 1/3작은술
소금 1/2작은술
후춧가루 1/8작은술

유장
참기름 1큰술
간장 1작은술

만드는 법

1 게를 깨끗이 손질하여 장을 긁어내고 게살은 발라서 곱게 다진다.
2 **1**에 다진 파, 다진 생강, 소금, 후춧가루, 달걀, 밀가루를 넣어 잘 저어 준다.
3 밀 마디가 뚫리지 않은 대통에 젖은 면보를 깔고 대통에 **2**를 붓고 면보를 아물려 찜통에서 찐 후 꺼낸다.
4 꺼낸 게찜을 1.5cm 두께로 둥글게 썰어 3쪽으로 자른 후, 꼬치에 꿴 후 유장을 발라 구워낸다.

❖참고사항
예전에는 참게를 사용하였으나, 요즘은 참게가 귀하여 꽃게를 사용하였다.

붕어구이

붕어를 구울 때는 숯불을 많이 피워 불 위에 재를 얇게 덮어 붕어 비늘을 긁지 않고 불을 쬐면 비늘이 발라 긁어질 것이다. 이때 냉수를 바르면 일어나던 비늘이 도로 붙을 것이니 물 바르기를 멈추지 않으면 비늘이 일어난다. 굽기를 5~6번 하다가 바르게 깃으로 거꾸로 잡아 쑤시고 유장을 발라 무르녹게 구우면 비늘이 자연히 다 떨어지고 맛이 자별해진다.

● 재료 및 분량
(4인분 기준)

붕어 3마리(1kg)
냉수 1컵

유장
간장 2큰술
참기름 6큰술

만드는 법

1 붕어는 통째로 깨끗하게 씻고 비늘은 긁지 않는다.

2 숯에 불을 피워 골고루 붙으면 재를 얇게 덮고, 석쇠를 올린 후 붕어를 굽는다.

3 붕어 비늘에 냉수를 바르고 굽기를 비늘이 거의 떨어질 때까지 반복한다.

4 붕어 비늘의 반대 방향으로 유장을 발라가며 비늘이 완전히 떨어질 때까지 굽는다.

신검채산적

봄에 연한 줄기를 데쳐 껍질 벗겨 안심살 산적에 섞어 꿰어 양념즙을 발라 굽는다. 겨울에 흰 움을 생치에 섞어 꿰어 구우면 좋다.

●재료 및 분량
(4인분 기준)

승검초 300g
쇠고기(안심) 400g
밀가루 3큰술
식용유

승검초 양념
소금 1/2작은술
참기름 2작은술

고기 양념
간장 4큰술
설탕 2큰술
다진 파 2큰술
다진 마늘 1큰술
참기름 1큰술
깨소금 1작은술
후춧가루 1/8작은술

만드는 법

1 승검초는 단단한 줄기 부분은 제거하고 다듬어서 끓는 물에 소금을 넣고 데친 후 재빨리 찬물에 헹군 후 물기를 뺀다.
2 데친 승검초는 소금과 참기름으로 양념한다.
3 쇠고기는 2×0.5×7cm 길이로 얇게 저며 잔 칼집을 넣은 후 고기 양념의 1/2분량으로 간을 한다.
4 산적 꼬치에 양념한 승검초와 쇠고기를 번갈아 꿴다.
5 달구어진 팬에 기름을 두르고, 4를 놓고, 나머지 양념장을 발라가며 앞뒤를 지져낸다.

❖참고사항

신검채는 승검초를 이용한 산적이고, 표준어는 승검초이다. 승검초는 당귀의 싹으로, 초봄에 막 싹이 나올 때 먹는 절식이다. 옛날에는 참당귀싹이나 잎을 사용했을 것으로 생각되나, 지금은 쌈채소용 당귀잎이 흔하여 이용하였다.

염해법

소금물을 아주 짜게 끓여 식거든 게를 씻어 물기가 없게 한 후에 항아리에 담는다. 그리고 소금물을 게가 잠기게 붓고 천초를 넣고 말린 잎으로 위를 막고 나무로 둘을 가로질렀다가 이튿날 염탕을 도로 따라 다시 끓여 식혀 부어 익힌다. 익은 후 먹으면 맛이 좋고 오래 두어도 상하지 않는다. 게젓에 꿀이 상극이니 많이 치지 말고 불을 비추면 장이 삭고 곯기가 쉬우니 혹 밤에 낼 때도 불을 일절 비추지 않는다.

● **재료 및 분량**
(4인분 기준)

참게 10마리(1kg)

소금물
굵은 소금 500g
물 10컵(2L)

천초 30알
상수리(댓잎) 말린 잎

만드는 법

1 소금물을 끓여서 식힌다.
2 게를 손질하여 깨끗이 씻은 후 물기를 제거한다.
3 항아리에 게를 차곡차곡 넣고 1의 소금물을 잠기도록 붓고 천초를 넣는다.
4 항아리 위를 상수리 말린 잎이나 댓잎으로 막고, 나뭇가지로 가로지르고 돌로 눌러 게가 뜨지 않도록 한다.
5 이튿날 소금물을 따라내어 다시 끓여 식힌 다음 부어 익힌다.

게젓

게젓을 담글 때는 수유잎을 누르는 가운데에 넣으면 해가 오래 묵어도 미래가 되지 않는다.

●재료 및 분량
(4인분 기준)

참게 10마리(1kg)
간장 10컵(2L)
수유잎

만드는 법

1 참게는 깨끗이 씻어 물기를 제거한다.
2 항아리에 참게를 넣고 간장을 부은 후 참게가 떠오르지 않도록 수유잎을 넣고 돌로 눌러 둔다.
3 3~4일 후 간장을 따라내어 다시 달인 후 식혀서 항아리에 붓는다.
4 익은 후 게의 딱지를 떼고 손질하여 그릇에 담아낸다.

❖참고사항
수유잎은 산수유잎을 의미한다.

청어젓

청어를 발 위에 펴고 소금을 약간 펴 켜켜이 돗자리를 덮어 밤을 재우면 어즙이 다 빠진다. 그러면 즉시 독에 소금과 청어를 켜켜이 놓아 담으면 해 묵어도 머리가 떨어지지 않고 좋다. 넣을 때 청어 눈이 한데 닿게 하지 않는다.

● 재료 및 분량

(4인분 기준)

청어 6마리(1.2kg)
굵은 소금 2컵(260g)

만드는 법

1 청어는 비늘을 긁고 내장을 제거한 후 물로 씻지 말고, 면보로 깨끗하게 닦는다.

2 청어를 발 위에 펴 놓고 소금을 뿌려 놓아 하룻밤을 재워서 생선의 즙을 다 빠지게 한다.

3 항아리에 절인 청어를 넣고 남은 소금을 켜켜이 뿌린 다음 맨 위에 소금을 두텁게 뿌린다.

4 먹을 만큼 꺼내서 잘게 썰어 양념한다.

◆ 참고사항

날 물기를 절대 금하고, 항아리를 땅에 묻으면 제철이 돌아오도록 먹을 수 있다.

젓갈을 담글 때 소금의 양은 생선 무게의 25%가 알맞다.

《부인필지》에선 "청어를 발 위에 펴 놓고 소금을 뿌려서 켜켜이 놓아 하룻밤 동안 재우면 어즙이 다 빠지니 젓을 담근다. 오래 두어도 헤어지지 않는다."고 하였다.

연안식해

큰 조개를 똥이 없게 깨끗하게 까서 속살을 뜨물에 깨끗하게 씻고 베수건에 깨끗이 짜서 물기가 없게 한다. 바람에 널어 약간 말린 후 좋은 쌀을 깨끗이 껍질을 벗겨 밥을 짓고 엿기름가루를 만들어 밥을 맑고 적음을 짐작하여 넣는다. 그리고 천초를 넣어 사기 항아리에 법대로 담글 때에 좋은 대추 10개 남짓과 잣 반 줌만 넣어 담가 3~4일 후 조개의 익은 빛이 붉어진 후에 쓴다. 담글 때 기름과 소금을 약간 넣으면 좋다. 조개를 홉 넣어도 좋다.

●재료 및 분량
(4인분 기준)

대합살 500g
멥쌀 1/2컵(90g)
엿기름가루 1/2컵(40g)
대추 10개(20g)
잣 2큰술(30g)
굵은 소금 3큰술(45g)
천초 20알
참기름 2작은술

만드는 법

1 대합의 껍질을 까고 속살의 똥을 제거한 후 쌀뜨물에 깨끗하게 씻는다.
2 대합 살을 베수건에 싸서 물기를 없이 한 후 바람에 널어 반쯤 말린다.
3 멥쌀을 씻어 불린 후 고두밥을 지어 그릇에 펴 식힌다.
4 엿기름가루는 고운체에 쳐서 위의 식힌 밥과 섞는다.
5 대추는 씨를 발라내어 2등분하고, 잣은 고깔을 벗긴다.
6 4에 대합살, 소금, 대추, 잣, 천초를 함께 버무려 항아리에 담는다.
7 항아리 입구를 밀봉한 후 3~4일 후에 조갯살이 붉어지면 참기름을 넣는다.

진주좌반

연한 쇠고기를 얇게 저며 가늘게 썰어 번철에 볶아 고기가 반만 익어 누런 즙이 빠지거든 그제야 별도로(특별히) 진한 장을 담아 식초를 치고, 기름을 많이 치고, 꿀을 조금 쳐서 볶아 통깨 볶은 것을 넣어 달인 후에 후춧가루를 넣어 쓴다.

● 재료 및 분량
(4인분 기준)

쇠고기 우둔살 300g

양념
간장 2 1/2큰술
꿀 1작은술
식초 1작은술
참기름 1큰술
통깨 1큰술
후춧가루 1/2작은술

만드는 법

1 쇠고기를 가로로 썰고 다시 세로로 진주 모양처럼 0.7×0.7×0.7cm 크기로 썬다.
2 팬에 썬 쇠고기를 넣고 반쯤 익힌 후 즙이 빠지면 간장, 꿀, 식초, 참기름을 넣고 볶는다.
3 통깨를 넣어 더 볶은 후 후춧가루를 뿌린다.

편포

연한 고기 기름진 것을 심줄이 없이 곱게 다진다. 그리고 소금을 알맞게 넣어 기름을 치고 후춧가루, 천초가루, 깨 껍질을 벗겨 볶아 넣고 잣가루를 한데 주물러 모양을 방정히 하여 겉에 기름을 조금 발라 말린다.

● **재료 및 분량**
(4인분 기준)

쇠고기(우둔살) 400g
참기름 1큰술

양념
소금 1큰술
깨소금 1큰술
참기름 2큰술
후춧가루 1/2작은술
잣가루 1큰술

만드는 법

1 쇠고기는 기름기를 제거한 후 곱게 다진다.
2 다진 쇠고기에 양념한다.
3 양념한 쇠고기를 15×10×1.5cm 크기로 네모지고 반듯한 모양으로 반대기를 짓는다.
4 반대기에 기름을 약간 바르고 서늘한 곳에서 4~5일 뒤집으면서 말린다.
5 먹을 때 2×3cm 크기로 잘라 굽는다.

약포

연한 고기를 기름기가 없게 하여 곱게 다져 굵은 체에 걸러 심줄이 없게 한다. 그리고 기름과 검은 장과 후춧가루, 꿀 기운만 있게 하여 잘 섞어서 넣고 반반한 목판에 화전처럼 펴고 잣가루를 뿌려 반건하여 쓴다.

● 재료 및 분량
(4인분 기준)

쇠고기(우둔살) 600g

고기 양념
진간장 6큰술
꿀 3큰술
참기름 6작은술
후춧가루 1/4작은술

고명
잣가루 2큰술

만드는 법

1 쇠고기는 기름기를 제거하고 곱게 다진 후 어레미에 걸러 힘줄이 없게 한다.
2 고기 양념을 넣고 주무른다.
3 양념한 고기는 직경 5×0.5cm 크기로 빚은 후 채반에 펴 놓고 잣가루를 뿌려 말린다.
4 약포는 뒤집어가며 말리는데 반쯤 말라 촉촉할 때 걷어두고 쓴다.

다시마튀각

다시마를 물에 불려 도로 반 정도 말려서 미끄럽지 않을 만큼 만든다. 그리고 좋은 점미 밥이 되게 지어 더운 상태로 한 알씩 떠서 다시마를 반듯반듯하게 베어 한편 찐 밥알로 빈틈없이 박아 볕에 놓는다. 그리고 강반같이 되거든 기름에 띄워 지져 밥알이 묻은 편을 꿀을 잠깐 발라 잣가루를 묻혀 쓴다.

● 재료 및 분량
(4인분 기준)

다시마 75g(20×50cm)
찹쌀 1/2컵
식용유
꿀 3큰술
잣가루 1/2컵

만드는 법

1 다시마는 두꺼운 것으로 골라 물에 20분 정도 담가 불린 후 표면의 미끈거리는 점액질을 제거하고, 채반에 널어 바람이 잘 통하는 서늘한 곳에서 1시간 정도 말린다.
2 다시마가 꾸득꾸득하게 마르면 3×4cm의 크기로 자른다.
3 찹쌀은 깨끗하게 씻어 충분히 불린 후 뜨거운 김이 오르는 찜통에서 고두밥으로 찐다.
4 찹쌀고두밥이 뜨거울 때 밥알을 하나씩 떼어 잘라놓은 다시마의 한쪽 면에 빈틈없이 붙인다.
5 채반에 **4**를 서로 붙지 않게 펼쳐놓고 바싹 말린 후 밀폐용기에 담아 보관한다.
6 먹을 때 190℃의 뜨거운 기름에 찰밥이 붙은 면이 아래로 가도록 넣어 찹쌀이 부풀면 즉시 망에 건져 기름을 뺀다.
7 찹쌀이 붙은 면에 꿀을 바르고, 잣가루를 묻힌다.

❖ 참고사항
음식명은 다시마튀각이나 찹쌀밥을 불려서 말린 후 튀긴 다시마부각이다.

미역자반

미역은 물에 불려 다듬어 마디마다 통잣을 싸매서 지진다.

●재료 및 분량
(4인분 기준)

미역 60g
통잣 4작은술
식용유
설탕

만드는 법

1 미역은 두께가 두꺼운 줄기 쪽으로 물에 15분간 불렸다가 꺼내서 마른 행주로 물기를 제거한다.
2 불린 미역을 2×10cm 정도의 크기로 자른다.
3 통잣은 고깔을 벗긴 후 마른 행주로 비벼서 깨끗하게 닦는다.
4 손질한 미역에 잣을 1~2알씩 넣어 매듭을 맨 다음 채반에 널어 말린다.
5 튀김 냄비에 식용유를 넣어 150℃ 정도가 되면 말린 미역을 넣어 재빨리 저어 파릇하게 튀겨낸다.
6 튀긴 미역은 망에 건져서 여분의 기름을 빼고 설탕을 고루 뿌린다.

전복다식

전복을 흠뻑 속까지 무르게 축여 얇게 깎아 말려 가루 내어 수건에 친다. 그리고 가루를 다시 축여 다식판을 전복 모양같이 만들어 박아내어 노인들의 찬합에 쓴다.

●재료 및 분량
(4인분 기준)

전복 10마리(전복살 말린 것 50g)
물 2 1/2큰술

만드는 법

1 전복은 잘 씻은 후 껍데기에서 전복살을 떼어 내장을 제거한다.
2 전복의 살을 잘게 다져서 실온에서 4~5일 동안 말린 후 블렌더에 갈아 가루로 한다.
3 전복가루에 물을 넣고 되직하게 반죽한다.
4 작은 전복 껍데기나 다식판에 **3**을 넣고 꼭꼭 눌러 박아낸다.

전복침채

전복을 얇게 저며 줌치처럼 만들어 유자 껍질과 배를 가늘게 썰어 약간 넣는다. 소금, 물을 약간 하여 생강, 파 등의 것을 넣어 김치를 담으면 좋다. 본래 방문의 방법은 이러하되 맨 전복만 하면 좋지 않다.

●재료 및 분량
(4인분 기준)

전복 6개
유자 1개
배 1개
무 200g
생강 3쪽
쪽파 3줄기
소금 50g
물 5컵(1L)

만드는 법

1 전복살은 껍데기에서 떼어 내장을 제거하고, 깨끗하게 씻은 후 통으로 소쿠리에 담아 그늘에서 뒤집어 가며 꾸득꾸득하게 말린다.
2 말린 전복은 물에 불려서 물기를 제거한 후 칼집을 2번 정도 넣어 주머니 모양이 되게 저민다.
3 유자는 껍질 부분만 곱게 채썰고, 배는 껍질을 벗겨서 유자와 같은 두께로 곱게 채썬다.
4 무는 골패쪽으로 썰고, 생강은 껍질을 벗겨 곱게 채썬다.
5 쪽파는 4cm 길이로 썬다.
6 저며 놓은 전복에 유자채와 배채를 넣고 잘 오므린다.
7 소금물의 농도는 3~5%의 농도로 하여 한 번 끓인 후 식힌다.
8 **6**을 항아리에 담고, 무, 생강, 쪽파를 넣은 후 소금물을 부어 서늘한 곳에서 익힌다.

동치미

연한 오이를 절였다가 넣고 좋은 배와 유자 껍질을 벗겨 썰지 말고 넣는다. 그런 후에 생강을 얇게 저며 넣고 고추, 파, 마늘, 청각, 천초를 갖추어 썰어 넣는다. 그리고 소금물을 간(鹹淡) 맞춰서 가득 부어 두껍게 싸 좀 지나서 익거든 먹을 때 유자와 배를 썰고 국에 백청을 타고 석류알과 통잣을 띄워 먹으면 좋다.

● 재료 및 분량
(4인분 기준)

동치미 무 5개
소금 1컵
오이 3개
소금물(소금 1/3컵, 물 2컵)
유자 1개
배 1개
대파 50g
마늘 50g
생강 1개(20g)
천초 20알
쪽파 50g
갓 20g
청각 10g
절인 고추 20개
소금물(소금 2컵, 물 3L)
꿀 1작은술
석류 2개
통잣 1작은술

만드는 법

1 무는 깨끗이 씻어 소금에 굴려 항아리에 넣어 둔다.
2 연한 오이는 오이지 담듯이 소금물에 절인다.
3 유자 겉껍질은 칼집을 넣어 6등분하여 벗기고, 유자 속 알맹이는 그대로 둔다.
4 배는 껍질을 벗긴 후 4등분하여 속을 제거한다.
5 대파는 5cm 길이로 썰고, 생강은 얇게 저미고 마늘, 천초와 함께 주머니에 넣는다.
6 갓과 쪽파는 깨끗하게 씻고, 마른 청각은 물에 불린 후 3cm 길이로 썬다.
7 **1**에 절인 오이, 유자, 배, 절인 고추, 청각, 갓, 쪽파를 **5**의 주머니를 함께 넣고, 소금물을 붓는다.
8 먹을 때 국물에 간을 맞추고, 꿀을 탄다. 무, 유자, 배는 썰고, 석류알과 통잣을 띄운다.

장김치

여름에는 어린 오이를 잠깐 데쳐 무와 배추 이 3가지를 장에 절여 숨을 죽인다. 숨이 죽거든 파, 생강을 썰어 생복이나 전복을 넓게 저며 마른 청각, 마늘, 고추 양념을 많고 성하게 놓는다. 그리고 좋은 지령 꾸미를 많이 넣어 다져 물을 알맞게 타 부어 익힌다. 전복이 없으면 조개를 허만 베어 대신 넣어도 좋다.

●재료 및 분량
(4인분 기준)

오이 2개
무 500g
배추 500g
국간장 1컵
배 1/2개
밤 3개
쪽파 30g
미나리 30g
전복 2개
마늘 20g
생강 10g
석이 10g
마른 표고 2개
마른 청각 2g
실고추 10g
잣 1큰술(10g)
물 8컵

만드는 법

1 오이, 무, 배추는 3×3cm 크기로 나박 썰어 간장에 절인다.
2 가끔씩 뒤적여 섞은 후 절여 지면, 나오는 간장물을 따라둔다.
3 배와 밤도 무와 같은 크기로 나박 썬다.
4 쪽파, 미나리는 3cm로 썰고, 전복을 넓게 저민다.
5 마늘, 생강, 석이, 표고는 채썰고, 마른 청각은 불려 물기를 뺀 후 3cm로 썰고, 실고추도 3cm로 자른다.
6 석이는 끓는 물을 부어 이끼를 벗겨 씻어서 채썬다.
7 표고는 미지근한 물에 불려서 채썬다.
8 잣은 고깔을 벗기고 통으로 준비한다.
9 항아리에 준비된 모든 재료를 담고, 따라 놓은 **2**의 간장물을 붓고 물을 넣어 간을 맞춘다.

❖참고사항

여름용 장김치에서 오이는 데쳐 넣어 오이가 쉽게 무르는 것을 예방한다.
《음식방문》에서는 동치미, 장김치 등에 청각을 사용하였는데, 점점 사용 빈도가 줄고 있다.
청각(녹각채)은 성질이 차고 독이 없어 열기를 내리는 해열식품이며, 비타민C가 많아 항산화 효과, 김치의 신맛 방지, 김치의 아삭아삭한 맛 유지, 젓갈의 비린내 제거 등 마늘 냄새를 중화하는 역할을 한다.

동아섞박지

동아가 매우 크고 한 곳도 상하지 않은 것을 서리 임박하여 따 분빛 같은 것을 위를 얇게 베고 손 넣어 씨와 속을 모두 긁어낸 후 조기젓국을 가득히 붓는다. 청각, 파, 마늘, 생강, 고추를 잘라 넣어 절구에서 가루가 되게 찧어 넣고 베어낸 딱지를 도로 덮어 맞추고 종이로 틈이 없게 발라 덮는 것도 아니고, 여는 것도 아니게 둔다. 그렇게 두었다가 겨울에 열어보면 맑은 국이 가득히 괴어 있을 것이니 깨끗한 항아리에 국을 쏟고 동아를 썰어 담아 두고 먹으면 그 맛이 절미이다.

● 재료 및 분량
(4인분 기준)

동아 1개(8kg)
조기젓국 2컵
청각 50g
파 120g
마늘 120g
생강 40g
고춧가루 3컵

만드는 법

1 서리 내린 후 흰 분이 앉은 동아의 윗부분을 베어 씨와 속을 긁어 내고 동아 껍질에 조기젓국을 붓는다.

2 절구에 청각, 파, 마늘, 생강, 고춧가루를 함께 넣어 곱게 찧는다.

3 **1**에 **2**를 넣고 뚜껑을 덮은 후 한지에 풀을 발라 공기가 들어가지 않게 틈이 없이 싼다.

4 동아를 새끼줄을 조심스럽게 여러 번 매듭 지어가며 묶어 넘어지지 않도록 안정되게 세워둔다.

5 2주 후 맑은 국물이 가득히 괴면 항아리에 쏟고, 동아의 껍질을 벗기고 살만 나박 썰어 익은 김치 국물과 섞어 두고 먹는다.

❖ 참고사항

동아 1개의 무게는 2.5~10kg까지 나가는데, 8kg이 되는 동아로 섞박지를 재현하였다.

항아리 없이 동아 외피가 용기 역할을 하며, 동아 과육을 젓갈과 양념으로 발효시켰다.

떡류

혼돈병 | 감저병 | 복령조화고 | 백설고

석탄병 | 증편 | 잡과병 | 석이병 | 유자단자

승검초단자 | 토란병 | 권전병/송풍병 | 국화전

혼돈병

찰가루에 꿀을 버무려 승검초가루를 1/3만 섞고, 계피가루 2돈, 후춧가루 1돈, 건강 5푼을 넣어 굵게 간 잣 1홉과 섞는다. 증편레에 보자기를 깔고 꿀팥에 계피, 후춧가루를 알맞게 넣어 보자기 위에 펴고 떡 가루를 두둑하게 편다. 밤을 삶아 찧은 것에 양념하여 소를 밤만큼 두껍게 위를 덮고 대추, 밤과 잣을 방울마다 빈틈이 없게 박는다. 붉은 꿀팥을 두껍게 뿌린 후에 그 위에 가루를 덮어야 터지지 않는다. 보자기로 위를 싸매어 시루에다가 익게 쪄 위를 덮은 것을 걷어 버리고 방울방울 베어 쓴다. 이 혼돈병은 두텁떡과 본래 같으나 양념을 더한다.

●재료 및 분량
(4인분 기준)

찹쌀가루 450g(4 1/2컵, 소금을 넣어 빻은 것)
승검초가루 150g
계피가루 2작은술
후춧가루 1작은술
말린 생강가루 1/2작은술
잣가루 1/2컵

고물
거피팥(껍질을 벗긴 것) 3컵
소금 1/2작은술
꿀 140g(1/2컵)
계피가루 1/2작은술
후춧가루 1/4작은술

소
삶은 밤 5개
계피가루 1/4작은술
밤 3개
대추 6개
꿀 1작은술

만드는 법

1 찹쌀가루에 승검초·계피·후추·생강가루를 섞고 굵게 다진 잣가루를 섞는다.

2 거피팥은 물에 불려 껍질을 벗겨 찜통에 쪄서 으깨어 소금·꿀·계피, 후춧가루를 분량대로 넣어 팬에 볶는다.

3 찜기에 젖은 면보를 깔고 **2**를 펴고 그 위에 **1**을 2cm 두께로 편다.

4 밤을 삶아 껍질을 벗겨 어레미에 내리고 계피가루와 잘게 썬 밤·대추를 섞고 꿀로 반죽하여 소를 빚는다.

5 **3**에 **4**를 줄맞춰 놓고 다시 쌀가루 볶은 거피팥순으로 덮어 뜨거운 김이 오른 찜통에서 30분간 쪄낸다.

6 소가 가운데 오도록 썰어 그릇에 담는다.

복령조화고

백복령, 연육(연밥), 산약, 능인 각 4냥, 설탕 1근을 곱게 가루 낸다. 백미 2되를 가루 내어 섞어 시루에 안친다. 그리고 대칼로 끊어 조각나게 하여 찌되 보자기를 덮어 쪄 먹는다. 혹 말려서 의이 쑤어 먹는다. 이 떡을 나무 뚜껑으로 덮으면 익지 않는다.

● 재료 및 분량
(4인분 기준)

멥쌀가루 400g(4컵, 소금을 넣어 빻은 것)
백복령가루 30g(1/3컵)
연자육가루 30g(1/3컵)
산약가루 30g(1/3컵)
능인(마름)가루 30g(1/3컵)
물 6큰술
설탕 85g(1/2컵)

만드는 법

1 백복령·연자육·산약·능인(마름)가루를 섞고 물을 넣어 잘 비빈다.
2 멥쌀가루에 1을 골고루 섞는다. 수분이 부족할 때는 물을 주어 체에 내린 후 설탕을 섞는다.
3 시루밑을 깔고 2를 안친 뒤 칼금을 넣은 후 뜨거운 김이 오르는 찜통에 올린다.
4 가루 위로 김이 골고루 오르면 뚜껑을 덮고 20분 동안 찐 후 불을 줄여 5분간 뜸 들인다.
5 한 김이 나간 후 쏟으면 칼금대로 나뉘어져 있다.

석탄병

삼키기 아까운 떡이다. 감(水柹)이 익고 무르지 않은 것을 껍질을 벗기고 생률을 치듯 껍질을 깎고 말려서 가루를 낸다. 멥쌀가루, 찹쌀가루를 반씩 섞고 설탕을 많이 섞어 치고 귤병과 민강을 얇게 저며 무떡 섞듯 안칠 때 잣가루, 계피가루, 대추, 밤 삶은 것을 채처럼 가늘게 썰어 위에 가득히 흩어 백지로 덮어 찌면 감열한 맛이 삼키기 아깝기 때문에 석탄병이라고 한다.

● 재료 및 분량
(4인분 기준)

멥쌀가루 2 1/2컵(250g, 소금을 넣고 빻은 것)
찹쌀가루 2 1/2컵(250g, 소금을 넣고 빻은 것)
감가루 1/2컵(50g)
편강가루 1 1/2큰술
물 5큰술
설탕 5큰술
유자껍질(설탕에 절인 것) 1/4개

고물
밤 5개
대추 10개
잣가루 3큰술
계피가루 1작은술

만드는 법

1 멥쌀가루에 감가루, 편강가루를 섞어 물을 주어 골고루 비벼서 도두미에 내린다.
2 설탕을 **1**에 골고루 섞고 유자껍질을 곱게 다져 섞는다.
3 밤은 껍질을 벗겨 곱게 채썰고, 대추는 씨를 빼고 채썬다.
4 찜통에 시루밑을 깔고 **1**을 안치고 밤채, 대추채, 잣가루, 계피가루를 고명으로 가득히 얹어 안친다.
5 뜨거운 김이 오르는 찜통에 올려 김이 골고루 오르면 뚜껑을 덮고 20분 동안 찐 후 불을 줄여 5분간 뜸 들인다.

❖ 참고사항
수시(水柹)는 모양이 둥글고 물기가 많고 연하며 맛이 단 물감이다. 감가루는 단감의 껍질을 벗기고 얇게 썰어 말려서 빻아 가루로 하고, 곶감을 말려 빻기도 한다.

잡과병

잡과병은 곶감, 대추를 씨를 바르고 얇게 저며 잠깐 삶아 머리털같이 썬다. 생률도 곶감이나 대추처럼 채 쳐 한데 섞고 찹쌀가루로 구멍떡을 만들어 삶아 꿀을 섞어 갠다. 그리고 삶은 밤가루에 후춧가루, 계피가루, 꿀을 섞어 귀나게 만들어 얇게 싸고 꿀을 묻혀 실과 채친 것을 묻혀 떠내어 잣가루를 묻혀 쓴다.

떡류

●재료 및 분량
(4인분 기준)

찹쌀가루 300g(3컵, 소금을 넣어 빻은 것)
물 4~5큰술

소
밤 4개(100g)
후춧가루 1/3작은술
계피가루 1/2작은술
꿀 2작은술

고물
곶감 1개
대추 10개
밤 3개
잣가루 1/4컵

소금물
물 1컵
소금 1작은술

묻힘용 꿀 2큰술

만드는 법

1 찹쌀가루를 끓는 물로 익반죽하여 구멍떡으로 빚어 끓는 물에 삶아 내어 방망이로 꽈리가 일도록 찧는다.
2 삶은 밤을 껍질을 벗겨 어레미에 내려 후추·계피가루를 골고루 섞어 꿀로 반죽하여 3cm 정도의 굵기로 둥근 막대 모양으로 만든다.
3 곶감, 대추는 씨 빼고 얇게 저며 곱게 채썰고, 밤도 곱게 채친다.
4 도마에 소금물을 바르고, **1**을 2cm 두께로 펴서 **2**를 놓아 둥글게 만다.
5 **4**에 꿀을 묻히면서 늘여 새알만큼씩 떼어 채친 곶감·대추·밤 고물을 묻히고, 다시 잣가루를 묻힌다.

❖참고사항
본서의 잡과병은 잡과단자다. 《음식디미방》과 《조선요리법》에서는 잡과편, 《산가요록》과 《시의전서》에는 잡과병이라 하였다.

석이병

석이를 다져 가루를 섞으면 좋지 않으니 석이를 실하여 돌이 없게 하고 볕에 말려 곱게 가루 내어 체에 쳐 둔다. 그리고 쓸 때에 그릇에 담고 물을 고부지게 끓여 작작 적셔가며 숟가락으로 저으면 가루가 불어 많아지고 부드러워진다. 이때 기름을 조금 치고 꿀에 재웠다가 찹쌀가루가 많지 않게 섞고 밤, 대추를 잘게 썰어 섞어 찌면 빛이 유활하고 기이하다. 마른 석이가루를 1줌만 그릇에 넣고 불리면 많아지고 맛과 빛이 좋을 뿐 아니라 아껴 쓸 수가 있다. 잣가루를 묻혀 쓴다. 찹쌀가루로 하면 단자를 하고 멥쌀가루로 하면 승검 섞듯 하면 좋다.

●재료 및 분량
(4인분 기준)

찹쌀가루 300g(3컵, 소금을 넣어 빻은 것)
물 1큰술
마른 석이가루 1큰술
끓는 물 2큰술
참기름 1/2작은술
꿀 2작은술
밤 2개
대추 4개

고물
잣가루 1/2컵

소금물
물 1컵
소금 1작은술

묻힘용 꿀 2큰술

만드는 법

1 석이가루에 끓는 물을 넣고 섞어 불린 후, 참기름과 꿀을 넣어 버무린다.
2 밤은 껍질을 벗겨 잘게 썰고, 대추는 씨를 발려 잘게 썰어 1에 섞는다.
3 찹쌀가루에 물과 1, 2를 넣어 버무려 찜통에 면보를 깔고 안쳐 20분간 찐다.
4 쪄 낸 떡을 꽈리가 일도록 찧는다.
5 소금물을 바르면서 둥글게 말아 꿀을 바르면서 늘여 새알심만큼씩 떼어 잣가루를 묻힌다.

◈참고사항

1. 찹쌀가루에 소금간은 찹쌀 5컵에 소금 12g의 분량으로 하였다.
2. 고물을 묻혀서 깊이가 있는 그릇에 나란히 붙여 놓아야 모양이 늘어지지 않는다.
3. 석이를 실하여 가루 내는 방법은 석이버섯을 뜨거운 물에 불려서 이끼를 벗기고 돌에 붙었던 자리를 떼고 말려 절구에 곱게 찧어 체에 내린다.

유자단자

유자정과 만드는 것처럼 껍질을 벗긴 것을 많이 모아 말려서 가루를 낸다. 좋은 곶감을 곱게 다진다. 찹쌀가루와 꿀을 버무리고, 당귀가루를 조금 넣고, 곶감과 유자가루를 섞고 증편체에 강정 찌듯 찐다. 밤을 삶아 걸러서 꿀을 섞고 후추, 계피가루를 넣어 소 만들어 싸서 꿀에 볶은 팥을 묻혀 쓴다.

● 재료 및 분량

(4인분 기준)

찹쌀가루 300g(3컵, 소금을 넣어 빻은 것)
물 1큰술
유자껍질 말린 것 또는 당절임 한 유자 1/4개
곶감 1개
당귀가루 1작은술

소

밤 4개(100g)
후춧가루 1/3작은술
계피가루 1/2작은술
꿀 2작은술

고물

거피팥 1/4컵
소금 약간
꿀 1큰술

소금물

물 1컵
소금 1작은술

묻힘용 꿀 2큰술

만드는 법

1 찹쌀가루에 유자 말린 가루, 다진 곶감, 당귀가루, 물을 넣어 버무린다.

2 찜통에 젖은 면보를 깔고 **1**을 안쳐 김이 오른 후 20분간 쪄 내어 꽈리가 일도록 방망이로 찧는다.

3 삶은 밤을 껍질을 벗겨 어레미에 내려 후추·계피가루를 골고루 섞어 꿀로 반죽하여 3cm 정도의 굵기의 둥근 막대 모양으로 빚는다.

4 도마에 소금물을 바르고 **2**를 2cm 두께로 펴서 **3**을 놓아 둥글게 만다.

5 **4**에 꿀을 묻히면서 늘여 동글게 떼어 고물을 묻힌다.

◈ 참고사항

1. 찹쌀가루에 소금간은 찹쌀 5컵에 소금 12g의 분량으로 하였다.
2. 고물을 묻혀서 깊이가 있는 그릇에 나란히 붙여 놓아야 모양이 늘어지지 않는다.

승검초단자

찹쌀가루와 승검초 생잎을 찧어 가루와 버무려 절구에 찧는다. 쑥구리같이 삶아 꿀을 쳐서 개어 꿀에 볶은 팥소를 넣어 잣가루를 묻혀 쓴다.

떡류

●재료 및 분량
(4인분 기준)

찹쌀가루 300g(3컵, 소금을 넣어 빻은 것)
승검초가루 2.5큰술
물 4~5큰술

소
거피팥 1/4컵
소금 약간
꿀 1.5큰술

소금물
물 1컵
소금 1작은술

고물
잣가루 1/2컵

묻힘용 꿀 2큰술

만드는 법

1 찹쌀가루에 승검초가루를 섞고 끓는 물로 익반죽하여 구멍떡으로 빚어 끓는 물에 삶아 낸다.

2 익은 찹쌀반죽을 방망이로 꽈리가 일도록 친다.

3 거피팥은 물에 불려 껍질을 없애고 쪄서 소금을 넣어 으깨어 어레미에 내린 후 꿀을 넣고 볶아 다시 어레미에 내려 3cm 정도의 둥근 막대 모양으로 만든다.

4 도마에 소금물을 바르고 **2**를 2cm 두께로 펴고 **3**을 놓아 둥글게 빚는다.

5 **4**에 꿀을 묻히면서 늘여 동글게 떼어 잣가루를 묻힌다.

토란병

토란을 익게 삶아 껍질을 벗기고 찹쌀가루와 섞는다. 무르게 쪄서 떡을 만들어 참기름에 지진다.

● 재료 및 분량
(4인분 기준)

찹쌀가루 500g(5컵, 소금을 넣어 빻은 것)
토란 800g
소금 2작은술

지지는 기름
참기름 5큰술

만드는 법

1 토란을 씻어 푹 무르게 삶아 껍질을 벗기고 소금을 넣어 으깬다.
2 찹쌀가루에 1을 넣어 반죽하여 잘 무르도록 쪄서 5cm 정도의 크기로 동글납작하게 빚는다.
3 팬에 참기름을 두르고 앞뒤를 노릇하게 지진다.

◈ 참고사항
식성에 따라 지져내어 뜨거울 때 꿀을 바르거나 설탕을 뿌려 단맛을 내고 서로 달라붙지 않게 한다.

권전병 / 송풍병

사탕과 꿀을 메밀가루에 반죽하여 질지도 되지도 않게 하여 시루에 쪄내어 오얏만하게 비비어 방망이로 얇게 밀어 지지면 모양이 연잎 같으니 권전병이라 하고 둥글게 벤 것은 송풍병이라고 한다.

떡류

● 재료 및 분량
(4인분 기준)

메밀가루 300g(3컵)
소금 1/2작은술
설탕 2큰술
꿀 2큰술
끓는 물 3/4컵
지짐용 기름 3큰술

만드는 법

1 메밀가루에 소금, 설탕, 꿀을 넣어 끓는 물로 익반죽한다.

2 찜기에 젖은 면보를 깔고 **1**을 찐다.

3 작은 자두만하게 떼어 방망이로 얇게 밀어 둥글납작한 모양으로 한다.

4 기름에 지진다.

◆ 참고사항

연잎 모양으로 빚으면 권전병, 둥글게 빚으면 송풍병이다.

국화전

국화 큰 송이를 꽃술을 고이 빼고 찹쌀가루를 묻혀 기름에 띄워 지지면 편의 웃기가 비상 아름답다.

● **재료 및 분량**

(4인분 기준)

감국화 30송이
찹쌀가루 2컵(200g, 소금을 넣어 빻은 것)
끓는 물 4큰술
지짐용 기름 3큰술
꿀 2큰술

만드는 법

1 감국화의 술을 빼고 꽃잎만 따서 씻는다.

2 찹쌀가루에 끓는 물을 넣어 익반죽한 후 **1**에 국화를 넣어 다시 반죽한다.

3 직경 5cm 크기로 동글납작하게 빚는다.

4 달구어진 팬에 기름을 두르고, 앞뒤를 지져 내어 꿀을 바른다.

❖ **참고사항**

편의 웃기로 쓴다.

생강편

물 많고 실 없는 생강을 얇게 저며 물에 담가서 매운 물이 빠지거든 물기 없이 짠다. 그리고 잘 드는 칼로 가늘게 다져 좋은 생청을 섞되 죽만큼 섞어 양푼에 담아 숯불에 아주 약한 불로 끓인다. 끓일 때 눋지 않게 조금 저어가며 끓이다가 만들기 좋을 만하거든 백자가루와 계피가루를 다소간 넣어 쟁반에 백자가루를 펴고 그 위에 그것을 펴서 두께가 3~4푼이 되게 늘려 굳게 한다. 굳거든 방정히 쩍쩍 베어 백자가루를 보이게 묻혀 쓴다.

●재료 및 분량
(4인분 기준)

생강(껍질 벗긴 것) 200g
물 1 1/2컵
꿀 100g
소금 1/2작은술
잣가루 1큰술
계피가루 1작은술

고물
잣가루 1/2컵

만드는 법

1 생강은 다져서 물에 헹구어 매운맛을 뺀다. 이때 생강즙은 받아두고, 앙금을 가라앉힌다.
2 다진 생강에 물과 꿀을 넣어 중불에서 끓인다. 끓일 때 생기는 거품은 걷어내고 눋지 않도록 저어준다.
3 거의 졸여지면 받아 놓은 앙금과 잣가루·계피가루를 넣어 빚기 좋을 만큼 더 졸인다.
4 쟁반에 잣가루를 깔고 두께가 1cm 정도 되도록 **3**을 편평하게 늘려서 굳힌다.
5 굳으면 3×2cm로 네모지게 썰어 잣가루를 묻힌다.

❖참고사항

궁중의 잔치 기록인 연회식 《의궤》에는 강란(薑卵)·강병(薑餠)이라고 했으며, 《임원십육지》, 《규합총서》에는 생강과, 《음식법》과 《시의전서》에는 생강편이라고 했다. 《한국요리백과사전》에는 강생란, 《궁중음식》, 《이조궁중요리통고》, 《세계의 요리》, 《한국요리》에는 생란, 《진작의궤》(순조 27년), 《진작의궤》(고종 14년)에는 생강란, 《진작의궤》(고종 24년)에는 강란으로 되어 있다.

앵두편

씨를 발라 붉은 물이 나는 것을 따로 받고 건더기도 쪄서 걸러 그 붉은 물에 섞는다. 그리고 녹말과 꿀을 타되 맛을 어울리게 하여 풀 쑤듯 쑨다. 식혀 보아가며 하고 식으면 칼로 벤다.

과정류

● 재료 및 분량

(4인분 기준)

앵두 600g(4 1/2컵)
물 3컵
꿀 1컵(280g)
소금 약간
녹말 6큰술(45g)
물 6큰술

만드는 법

1 앵두를 깨끗이 씻어 꼭지를 떼고 냄비에 담아 물을 넣고 15분 정도 끓인다.

2 과육이 무르면 고운 김체에 쏟아 씨와 껍질을 거른다.

3 냄비에 앵두즙과 꿀, 소금을 넣어 끓인다.

4 물에 푼 녹말을 **3**에 넣고 눋지 않고, 덩어리지지 않도록 잘 저으면서 30분 정도 중불에서 끓인다.

5 틀에 물을 바르고 **4**를 쏟아 부어서 식힌다.

6 앵두편이 식어서 굳으면 꺼내서 네모지게 썬다.

❖ 참고사항

1. 앵두 과육을 심하게 으깨지 않아야 앵두편이 투명하다.
2. 녹말 대신 동부전분으로 사용하기도 한다.
3. 6월에 구할 수 있는 앵두를 과즙을 받아 냉동 저장해두면 언제나 앵두편을 만들 수 있다.

두견화책면

두견화에 녹말을 묻혀 데쳐 오미자국에 먹는다.

● 재료 및 분량
(4인분 기준)

두견화(진달래꽃) 40개
녹말 1/2컵
잣 1큰술

오미자국
오미자 1/2컵
물 6컵
꿀 1작은술

만드는 법

1 두견화의 꽃술을 떼고 깨끗이 손질하여 녹말을 앞뒷면에 묻혀 망에 담아 끓는 물에 살짝 데친다.
2 오미자는 깨끗하게 씻어서 물에 하룻밤 담갔다가 면보에 걸러 오미자국을 준비한다.
3 오미자국에 **1**을 넣고 잣을 띄운다.

제2부

음식방문

원문과 번역본

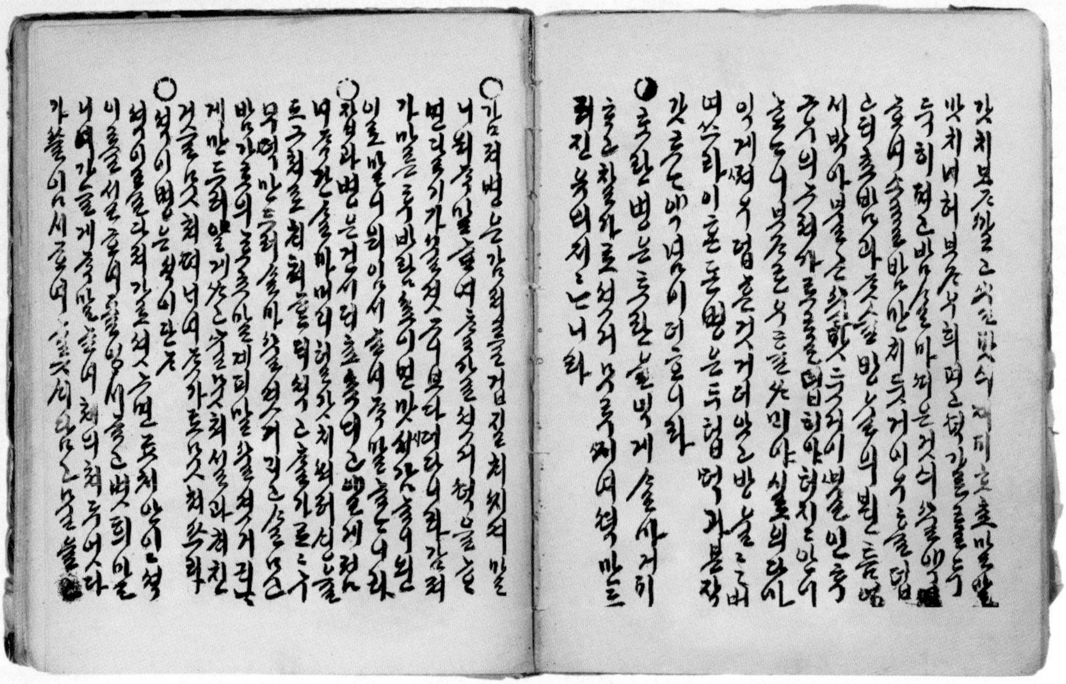

❶ 혼돈병

□□(앞부분 유실)[1] 같이 보자기를 깔고 꿀, 팥, 계피, 후춧가루를 알맞게 넣어 보자기 위에 펴고 떡가루를 두둑하게 편다. 밤을 삶아 찧은 것에 꿀을 양념하여 소를 밤만큼 두껍게 위를 덮고 대추, 밤과 잣을 방울마다 빈틈없게 박는다. 붉은 꿀팥을 두껍게 뿌린 뒤 그 위에 그저 가루를 덮어야 터지질 않는다. 보자기로 위를 싸매어 시루에다가 익게 쪄 위를 덮은 것을 걷어내고 방울방울 베어 쓴다. 이 혼돈병은 두텁떡과 본래 같으나 양념을 좀 더한다.

1) 앞부분의 원문이 유실되어 있다. 《규합총서》의 '혼돈병'과 내용이 유사하므로, "출ᄀᆞᄅᆞᄂᆡ 싱 버므려 당귀ᄀᆞ로 삼분지 일만 석고, 계피말 두돈, 호쵸말 ᄒᆞᆫ돈, 건강 오푼 너허 굵게 ᄆᆞ은ᄇᆡᆺᄌᆞ ᄒᆞᆫ홉과"가 누락된 것으로 보인다. 즉 "찰가루에 꿀을 버무려 승검초가루 삼분의 일만 섞고, 계피가루 2돈, 후춧가루 1돈, 건강 5푼을 넣어 굵게 간 잣 1홉과"가 삽입되어야 만드는 법이 완성된다.

❷ 토란병

토란을 익게 삶아 껍질을 벗기고 찹쌀가루와 섞는다. 무르게 쪄서 떡을 만들어 참기름에 지진다.

❸ 감저병

감저[2]를 껍질째 씻어 말려 가루 내어 찹쌀가루를 섞어 떡을 하면 달기가 꿀 섞

2) 감저(甘藷) : 고구마

은 것보다 더 달다. 감저가 마른 후 바람을 쏘이면 맛이 덜하니 통째로 말려 임시하여[3] 가루를 낸다.

④ 잡과병

곶감과 대추의 씨를 바르고 얇게 저며 잠깐 삶아 머리털같이 썬다. 생률도 곶감처럼 채쳐 한데 섞고 찹쌀가루로 구멍떡을 만들어 삶아 꿀을 섞어 갠다. 그리고 삶은 밤가루에 후춧가루, 계피가루, 꿀을 섞어 귀나게 만들어 얇게 싸고 꿀을 묻혀 실과 채친 것을 묻혀 떠내어 잣가루를 묻혀 쓴다.

⑤ 석이병(석이단자)

석이를 다져 가루로 섞으면 좋지 않으니 석이를 실하여[4] 돌이 없게 하고 볕에 말려 곱게 가루 내어 체에 쳐 둔다. 쓸 때에 그릇에 담고 물을 고부지게 끓여 적적 적여 치며 숟가락으로 저으면 가루가 불어 많아지고 부드러워진다. 이때 기름을 조금 치고 꿀에 재웠다가 찹쌀가루가 많지 않게 섞고 밤, 대추를 잘게 썰어 섞어 찌면 빛이 유활하고 기이하다. 마른 (석이)가루를 1줌만 그릇에 넣고 불리면 많아지고 맛과 빛이 좋을 뿐 아니라 아껴 쓸 수가 있다. 잣가루를 묻혀 쓴다. 찹쌀가루로 하면 단자를 하고, 멥쌀가루로 하면 승검초 섞듯 하면 좋다.

⑥ 복령조화고

백복령, 연육(연밥), 산약, 능인[5] 각 6냥을 사다가 1근을 곱게 가루를 낸다. 백미(白米) 2되를 가루 내어 섞어 시루에 안친다. 그리고 대칼로 끊어 조각나게 하여 찌되 보자기를 덮어 쪄 먹는다. 혹은 말려서 의이를 쑤어 먹는다. 이 떡을 나무 뚜껑으로 덮으면 익지 않는다.

⑦ 백설고

백미(白米) 1승, 산약초[6], 연육 거심[7], 능실[8] 각 4냥을 아주 곱게 가루 낸다. 설탕 1근반을 가루 내어 섞어 찌면 극히 맛이 아름답고 몸에 보익하다.

⑧ 권전병(송풍병)

설탕과 꿀을 메밀가루에 반죽하여 질지도 되지도 않게 하여 시루에 쪄낸다. 오얏만하게 비벼서 방망이로 얇게 밀어 지지면 모양이 연잎 같으니 권전병이라 한다. 둥글게 벤 것은 송풍병이라고 한다.

3) 임시(臨時)하여: 쓸 때에

4) 실하여: 뜨거운 물에 석이를 불려서 푸른 이끼를 벗기고

5) 능인(菱仁): Trapa bispinosa, Trapa japonica의 과육으로 더위를 잊게 하고, 소갈(消渴)을 그치게 하며 창진(瘡疹), 탈항(脫肛)에 효능이 있는 약재, 마름열매

6) 산약초: 산약 초(炒), 산약 볶은 것

7) 연육(蓮肉) 거심(去心): 연실(蓮實)의 씨를 바른 것

8) 능실(菱實): 마름의 열매

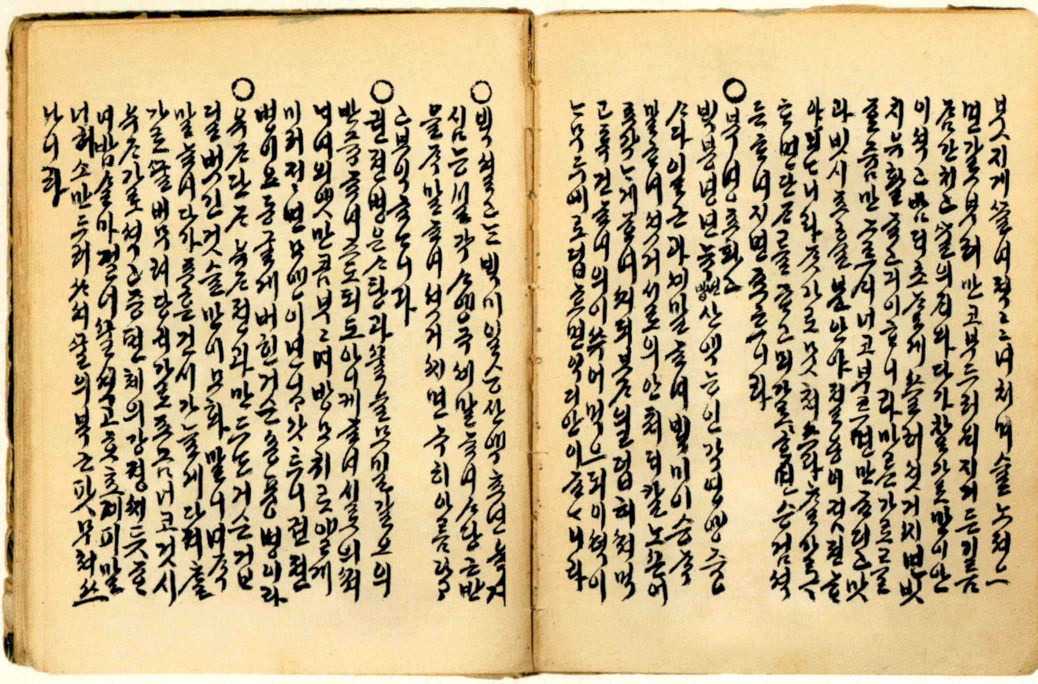

⑨ 유자단자

유자정과 만드는 것처럼 껍질 벗긴 것을 많이 모아 말려서 가루를 낸다. 좋은 곶감을 곱게 다진다. 찹쌀가루와 꿀을 버무리고, 당귀가루를 조금 넣고, 곶감과 유자가루를 섞은 후 증편체에 강정 찌듯 찐다. 밤을 삶아 걸러서 꿀을 섞고 후추, 계피가루를 넣어 소를 만들어 싸서 꿀에 볶은 팥을 묻혀 쓴다.

⑩ 원소병

찹쌀가루를 깁체에 쳐서 설탕물에 반죽한다. (대추를) 쪄서 거르고, 호두(겉껍질)를 까서 더운 물에 담가 불거든 속껍질을 벗겨 곱게 다진다. 잣가루를 섞어 소를 만들어 싸서 삶아 설탕물에 수단같이 띄워 쓴다.

⑪ 승검초단자

찹쌀가루, 승검초 생잎을 찧어 가루와 버무려 절구에 찧는다. 쑥구리같이 삶아 꿀을 쳐서 개어 꿀에 볶은 팥소를 넣어 잣가루를 묻혀 쓴다.

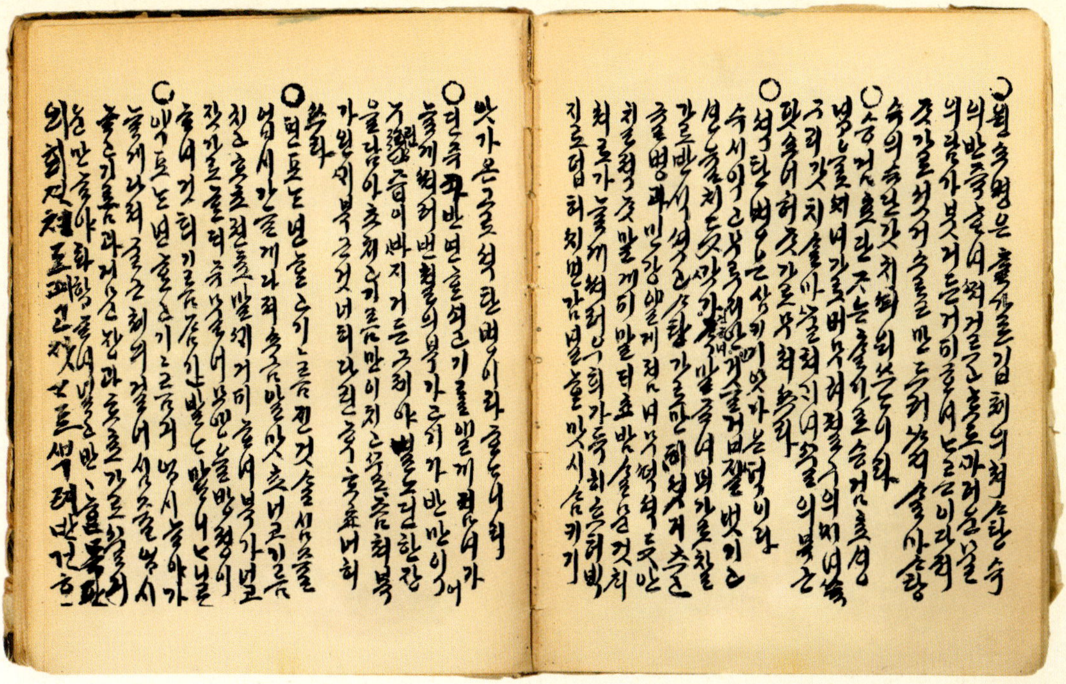

⑫ 석탄병

석탄병은 (매우 맛있어서) 삼키기 아까운 떡이다. 수시[9]가 익고 무르지 않은 것의 껍질을 벗기고 생률을 치듯 깎고 말려서 가루를 낸다. 멥쌀가루와 찹쌀가루를 반씩 섞고, 설탕가루를 많이 섞고, 귤병과 민강을 얇게 저며 무떡 섞듯 안칠 때 잣가루, 계피가루, 대추, 밤 삶은 것을 채처럼 가늘게 썰어 위에 가득히 흩어 백지로 덮어 찐다. 감열한 맛이 삼키기 아깝기 때문에 석탄병이라고 한다.

⑬ 진주좌반

연한 쇠고기를 얇게 저며 가늘게 썬다. 고기를 번철에 볶아 반만 익어 누린 즙이 빠지거든 그제야 특별히 진한 간장을 넣고 식초를 치고, 기름을 많이 치고, 꿀을 조금 쳐서 볶아 통깨 볶은 것을 넣어 졸인 후에 후추를 넣어 쓴다.

⑭ 편포[10]

연한 고기 기름진 것을 심줄이 없이 곱게 다진다. 소금을 알맞게 넣고, 기름 치고, 후추, 천초가루, 깨 껍질을 벗겨 볶아 넣고, 잣가루를 함께 넣어 주물러 모

9) 수시(水柿): 물감, 감의 한 종류

10) 편포는 간장으로 양념을 하지만, 이 책에서는 소금으로 간을 하는 염포법이 기록되어 있다.

양을 방정히[11] 하여 겉에 기름 조금 발라 말린다.

⑮ 약포

연한 고기를 기름기가 없게 하여 곱게 다져 굵은 체에 걸러 심줄 없게 한다. 기름, 검은 장, 후춧가루, 꿀 기운만 있게[12] 하여 잘 섞는다. 반반한 목판에 화전처럼 펴고 잣가루를 뿌려 반건하여[13] 쓴다.

⑯ 포육 말리는 법

여름(철)에 포육을 말릴 때 기름을 잠깐 바르면 파리가 꼬이지 않는다.

⑰ 썩은 고기 삶는 법

썩은 고기에 볏짚을 1치씩 잘라서 함께 넣어 삶으면 상한 맛이 없어지고 (상한 맛이) 볏짚에 다 든다.

⑱ 삼합미음

북해삼[14]을 담갔다가 돌에 문질러 검은 것이 없게 하고 동해 홍합[15]을 담갔다가 털이 없게 하고 큰 탕관에 앉힌다. 그리고 쇠고기 기름기가 없는 덩이를 함께 넣고 단 물을 부어 숯불에 고아 무르거든 찹쌀 1되를 넣어 고아 체에 밭쳐 3년 묵은 검은 장을 타 먹으면 노인과 소아의 원기를 돕고 병든 사람에게 유익하다.

⑲ 변씨만두

닭을 백숙하여 살을 곱게 다져 심줄이 없게 하고, 잣가루, 후춧가루, 각색 양념을 기름장으로 간을 맞추어 잠깐 볶는다. 그리고 밀가루를 깁체에 쳐 반죽하여 산승[16]을 빚듯 하여 비치게 밀어 귀나게 베어 귀로 싼다. 닭 삶은 물에 삶아 초장에 먹는다.

⑳ 율무의이

율무를 보리쌀처럼 닦아 물에 담갔다가 갈아 수비하여[17] 말린다. (의이를) 쑤어 꿀에 먹으면 맛이 아름답다. 거습하고[18], 토질[19]을 없게 하기 때문에 한(漢)나라의 복파장군(伏波將軍) 마원이가 군중으로 실어갔다. 이 가루로 풀을 쑤

11) 방정히: 모양이 네모지고 반듯하게

12) 꿀 기운만 있게: 꿀의 양을 조금만 하여

13) 반건(半乾)하여: 반만 말려서

14) 북해삼: 북해, 즉 함경도 연해에서 나는 해삼을 말한다. 북도는 경기도 북쪽에 있는 지역 즉 황해도, 평안도, 함경도를 이른다. 당시 해삼은 귀한 식재료였다. 조선후기 대청무역에 있어 담배·해삼·홍삼은 가장 주요한 조선의 수출품이었다.

15) 조선시대에는 강원도와 경상도의 동해에서 나는 홍합을 선호했다. 동해산은 크기는 작지만 맛과 약성이 으뜸이라 평가되었다.

16) 산승: 찹쌀가루를 반죽하여 얇게 밀어 모지거나 둥글게 썰어 기름에 지진 웃기떡

17) 수비(水飛)하다: 곡식의 가루나 그릇을 만드는 흙 따위를 물속에 넣고 휘저어 잡물을 없애다.

18) 거습(祛濕): 습사를 없애는 치료 방법을 통틀어 이르는 말

19) 토질(土疾): 폐흡충을 한방에서 이르는 말

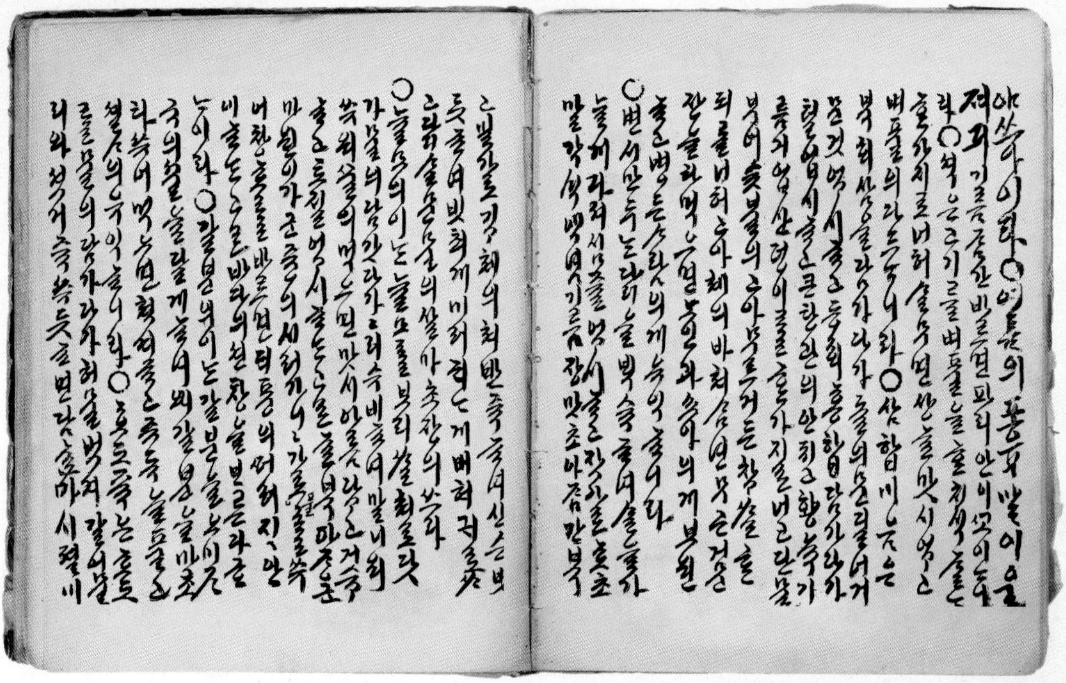

어 창호를 바르면 큰 바람에도 떨어지지 않기 때문에 바다의 선창을 바른다고 한다.

21 갈분의이

갈분[20]을 오미자 국물에 꿀을 넣어 달게 하여 왜[21]갈분으로(농도를) 맞추어 타서 쑤어 먹으면 더울 때 척서하고[22], 주독을 풀어주고 설사에 유익하다.

22 호도죽

호두를 물에 담갔다가 껍질을 벗긴 후 갈아서 무리[23]와 섞어 죽을 쑤듯 하면 담백한 맛이 절미이고, 해소[24]하는 데 유익하다.

23-1 매화차

매화를 납월[25]에 대나무 칼로 반쯤 핀 봉오리를 따 말려서 꿀에 담가 둔다. 여름에 날씨가 더울 때 끓는 물에 넣으면 꽃이 즉시 뜨고 맑고 향기도 좋아 맛이 매우 사랑스럽다.

20) 갈분(葛粉): 칡뿌리를 짓찧어 물에 담근 뒤 가라앉은 앙금을 말린 가루

21) 왜: 일본(倭), 정양완은 《규합총서》에서 '채워'로 해석하였으나, 《임원십육지》에는 "… 간성지방의 칡뿌리가 가장 좋다. 일본의 것은 더욱 좋다."라고 하여 일본으로 볼 수도 있겠다.

22) 척서(滌暑)하고: 더위를 몰아내어 몸을 시원하게 하고

23) 무리: 물에 불린 쌀을 물과 함께 맷돌에 간 후 체에 받쳐 가라앉힌 앙금이다. '수미분(水米粉)·수분(水粉)·쌀무리'라고도 한다.

24) 해소: 해수(咳嗽)가 변한 말로, '기침'을 한방에서 이르는 말

25) 납월(臘月): 음력 섣달의 별칭

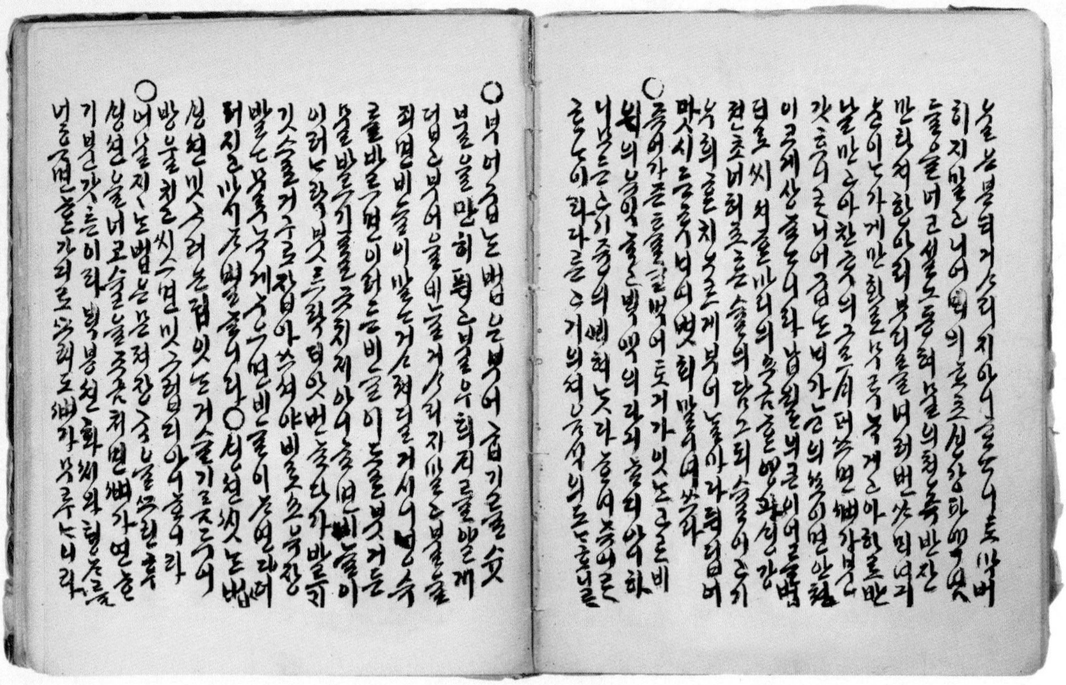

27 어물 지지는 법

먼저 장국을 끓인 후에 생선을 넣고 술을 조금 치면 뼈가 연하기가 분[33] 같아진다. 백봉선화씨와 행자[34]를 넣으면 한 가지로 끓여도 뼈가 무른다.

28 생선 굽는 법

긴 적꼬치로 생선 입부터 비스듬히 찔러 꿰어 화롯가에서 멀리 들고 뒤적여 가며 덥게 쬐면 어즙이 스스로 입으로 흘러나올 것이니 그친 후에 토막 내어 구우면 맛이 자별하다.

29 준치 뼈 없이 하는 법

준치를 씻어 토막 내어 도마에 놓고 허리를 꺾어 베나 모시나 수건으로 두 머리를 누르면 가시가 수건 밖으로 나올 것이니 낱낱이 뽑아야 가시가 없다. 또는 토막을 잘라 뼈를 다 가려내고 각색 양념하여 다시 준치 토막처럼 만들어 생치만두처럼 하여 녹말을 묻혀 지져 먼저 삶은 물에 꾸미와 유장[35]을 넣어 끓여도 좋다.

33) 분(粉): 가루

34) 행자(杏子): 살구씨

35) 유장(油醬): 기름 간장

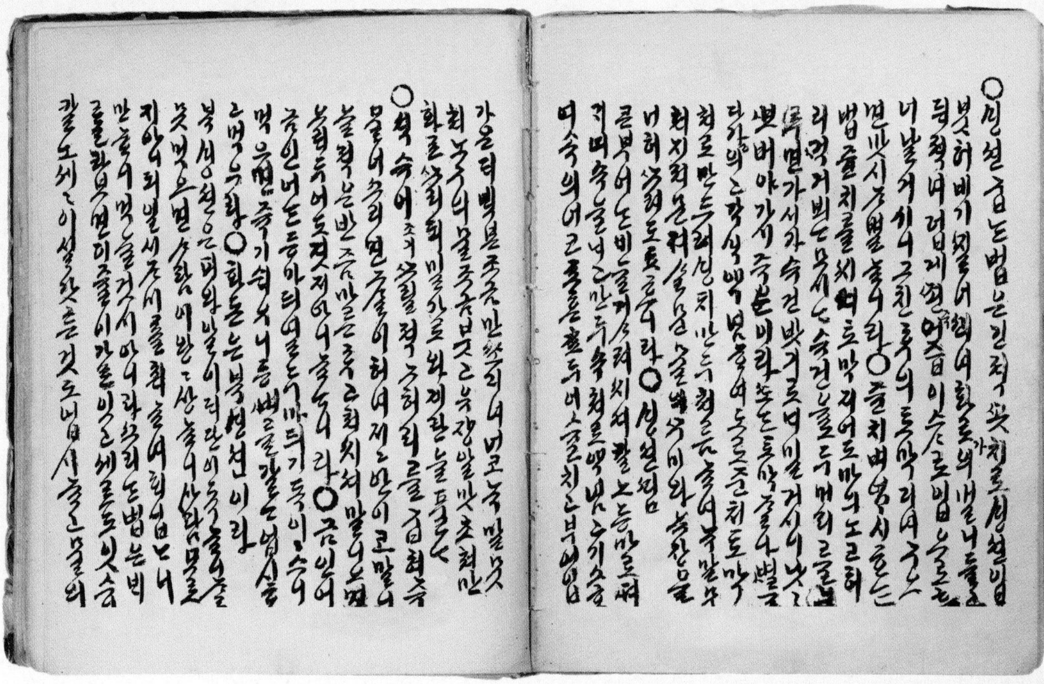

30 생선찜(붕어찜)

큰 붕어는 비늘을 거슬러 씻어 칼로 등마루를 쪼개어 속을 낸다. 그리고 만두소처럼 양념으로 고기소하여 속에 넣고, 좋은 식초를 숟가락으로 친다. 붕어 입 가운데에 백분[36]을 조금만 쪼개어 넣고 녹말을 묻혀 노구솥[37]에 물을 조금 붓고, 유장을 알맞게 쳐서 아주 약한 불로 끓이되 밀가루와 달걀을 푼다.

36) 백분: 백반

37) 노구솥: 놋쇠나 구리쇠로 만든 작은 솥

38) 젖다: 기름기가 흐뭇이 묻어 배다.

31 석수어 끓이는 법

석수어(조기)를 끓일 때는 그 허리를 굽혀 주물러 끓이면 그 살이 헤어지지 않는다. 말릴 때는 반쯤 마른 후에 다시 씻어 말리면 오래 두어도 젖지[38] 않는다.

32 금린어

등마디 12마디에 독이 있기 때문에 먹으면 죽기 쉽다. 등뼈를 갈라 없게 하고 먹어야 한다.

㉝ 복어탕

하돈(복어)은 복생선이다. 복어는 피와 알이 대단히 독해서 잘못 먹으면 사람한테 해롭다. 호기심에 해를 입는 사람들이 많으니 조심해야 한다. 끓이는 법은 배를 타보면 핏줄이 가로로 있고 세로로도 있으니 칼로 세세히 실 같은 것도 없이 하여 물에 무수히 빨아 등마루를 쪼개어 젖히고 바둑돌 같은 것으로 무수히 두드려 핏기도 없게 뺀다. 그러나 살은 상하지 말게 하고 씻어서 토막을 지어 놓고 노구를 달구고 기름을 많이 부어 끓인다. 끓거든 생선을 넣으면 끓는 기름이 튀어 사람이 데기가 쉬우니 조심하여 넣는다. 그리고 미나리를 많이 데쳐 넣고 깻국에 무르녹게 오래 끓이면 아주 맛있다. 이리는 독이 없으니 넣고 백반 1조각을 넣어 끓인다. 감동젓(곤쟁이젓)과 흰 새우젓은 해독을 해준다. 대가 검게 될 것이니 젓가락으로 먹지 말고 부지깽이를 댓가지[39]로 하지 않는다. 그을음이 검게 나기 때문에 솥을 바깥에 걸고 익힌다.

㉞ 추포

추포[40]는 물에 불려 썰어 닭국물에 깻국 걸러 합하여 여름에 쓰면 담이 삭고 연계찜에 넣어도 좋다.

㉟ 농어

농어와 타락[41]은 함께 먹지 못한다.

㊱ 문어

문어를 동그랗게 썰어 다시 염담하고[42] 알은 구역질과 설사에 유익하다.

㊲ 민어

민어는 가을에 어포를 두껍게 떠 말려 먹으면 광어보다 낫다.

㊳ 메기

메기는 물을 끓여 튀할[43] 때에 호박잎으로 문지르면 검고 미끄럽지 않을 것이다. 이때에 좋은 고추장에 꿀 기운이 약간 있게 넣어 끓이면 좋다.

39) 댓가지: 대나무 가지

40) 추포(椎鮑): 마른 전복을 망치로 두들겨 부드럽게 편 전복

41) 타락: 우유

42) 염담하고: 소금기를 빼서 싱겁게 하고

43) 튀하다: 새나 짐승의 털을 뽑기 위해 뜨거운 물에 잠깐 넣었다가 꺼내는 것

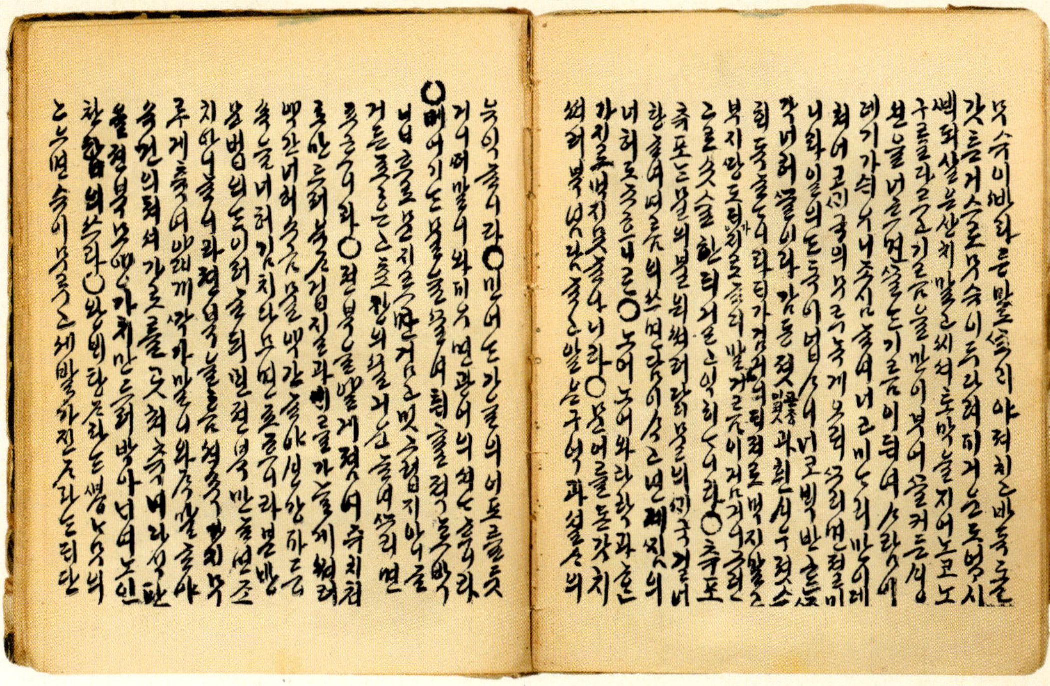

39-1 전복침채

전복을 얇게 저며 줌치[44]처럼 만들어 유자 껍질과 배를 가늘게 썰어 약간 넣는다. 소금과 물을 약간하여 생강, 파 등의 것을 넣어 김치를 담으면 좋다. 본래 방문의 방법은 이러하되 맨 전복만 하면 좋지 않다.

44) 줌치: 주머니

39-2 전복다식

전복을 흠뻑 속까지 무르게 축여 얇게 깎아 말리어 가루 내어 수건에 친다. 그리고 가루를 다시 축여 다식판을 전복 모양같이 만들어 박아내어 노인들의 찬합에 쓴다.

40 왕배탕(자라탕)

자라는 뽕나무에 고면 쉽게 무른다. 세발 가진 자라는 매우 독하니 먹으면 안 된다.

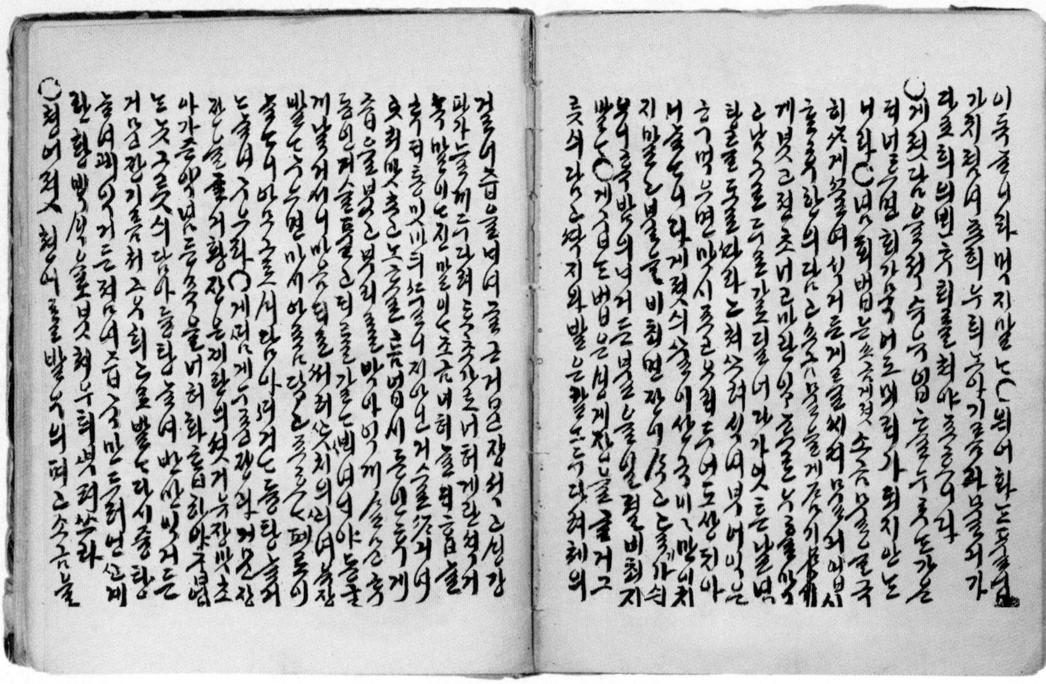

41 위어회

풀잎같이 저며 종이 위에 놓고, 기름과 물기가 다 종이에 밴 후에 회를 쳐야 좋다.

42 게젓

수유잎을 누르는 가운데에 넣으면 해가 오래 묵어도 모래가 되지 않는다.[45)]

43 염해법

염해법[46)]은 소금물을 아주 짜게 끓여 식거든 게를 씻어 물기가 없게 한 후에 항아리에 담는다. 소금물을 게가 잠기게 붓고, 천초를 넣고 말린 잎으로 위를 막고 나무로 골고루 가로질렀다가 이튿날 염탕을 다시 따라 다시 끓여 식혀 부어 익힌다. 익은 후 먹으면 맛이 좋고 오래 두어도 상하지 않는다. 게젓에 꿀이 상극이니 많이 치지 말고 불을 비추면 장이 삭고 곯기가 쉬우니 혹 밤에 낼 때도 불을 일절 비추지 않는다.

45) 모래가 되지 않는다: 삭아서 없어지지 않는다.

46) 염해법(鹽蟹法): 소금으로 담근 게젓법

44 게 굽는 법

게 굽는 법은 생게 장을 긁어 그릇에 담는다. 그리고 게 딱지와 발은 칼로 두드려 체에 걸러 즙을 낸다. 그 후에 긁은 검은 장을 섞고 생강, 파를 가늘게 두드려 후춧가루를 넣어 달걀을 섞어 녹말이나 밀가루를 조금 넣어 한데 합한다. 대통 밑 마디가 뚫리지 않은 것으로 쪼개어 다시 맞추고 노끈으로 틈 없이 동여맨다. 그런 후에 게즙을 붓고 부리를 막아 익게 삶은 후 동여맨 것을 풀고 대나무를 갈라 빼어낸다. 그러면 둥그런 것이 날 것이니 마음대로 썰어 꼬치에 꿰어 유장을 발라 구우면 맛이 아름답고 좋다. 그러나 성가시고 귀찮다면 아무 그릇에나 담아 찌거나 중탕하거나 하여 굽는다.

45 게찜

게 누른 장과 검은 장을 긁어 황장(누른 장)은 달걀에 섞어 유장을 맞추어 갖은 양념 등 속을 넣어 잘 섞어서 굽 없는 놋그릇에 담아 중탕하여 반만 익힌다. 반만 익거든 검은 장에 기름을 쳐 그 위에 고루 발라 다시 중탕하여 꽤 익거든 저며 즙국을 만들어 얹는다. 그리고 달걀을 황백색으로 나눠 부쳐 위에 뿌려 쓴다.

46 청어젓

청어를 발 위에 펴고 소금을 약간 펴 켜켜이 돗자리를 덮어 밤을 재우면 어즙이 다 빠진다. 즉시 독에 소금과 청어를 켜켜이 놓아 담으면 해를 묵어도 (청어의) 머리가 떨어지지 않고 좋다. 넣을 때 청어 눈이 한쪽으로 닿게 하지 않는다(청어 눈이 한쪽 방향으로만 가도록 놓지 말고 엇갈리게 넣는다).

47 설하멱

설하멱(雪下覓)은 '눈오는 날 찾는다'는 말로 지금 '설이멱'이라 하는 것은 와전된 것이다.

이것은 등심살을 넓고 길게 저미되 전골고기보다 매우 두껍게 저며 칼로 자근자근 두드려 잔금을 에워 유장에 주물러 숯불을 피워 재로 잠깐 덮고 구우면 고기가 막 익어 끓는다.[47] 그때 냉수에 담갔다가 다시 굽기를 세 번 한 후 다시 유장과 생강, 파, 후추, 양념을 갖추어 발라 구워야 고기가 연해진다.

47) 고기의 육즙으로 인해 지글지글 익어가는 모습을 표현

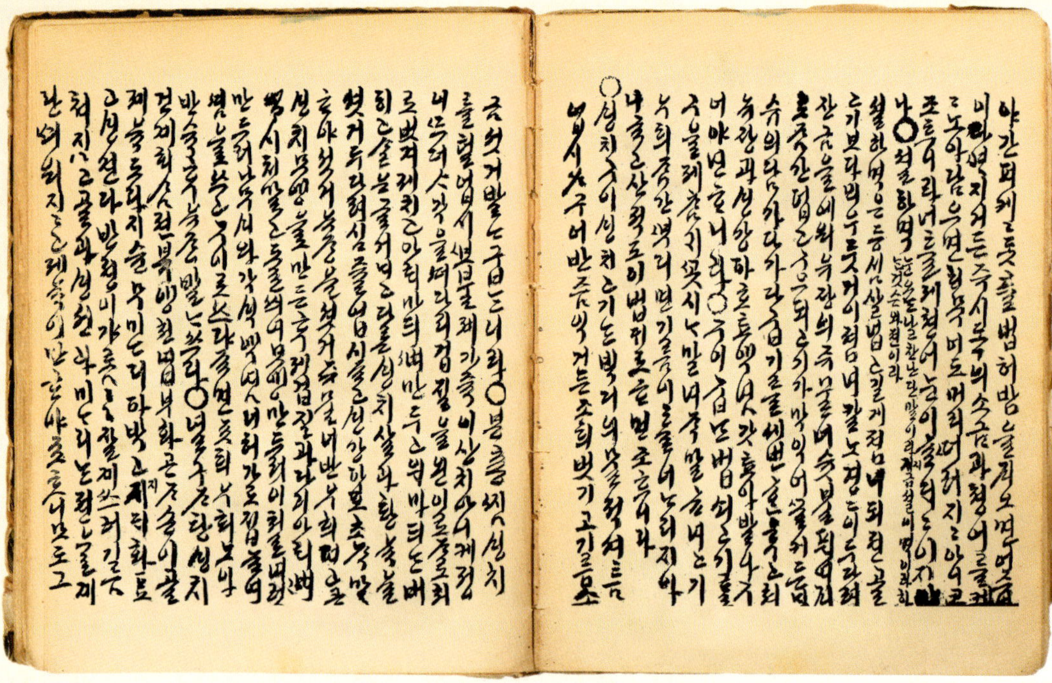

㊽ 고기 굽는 법

쇠고기를 구울 때 참깨꽃을 말려[48] 가루 내어 고기 위에 잠깐 뿌리면 기름이 흘러내리지 않는다. 산적도 이 법대로 하면 좋다.

㊾ 생치구이

꿩고기는 백지에 물을 적셔 틈이 없게 싸서 구워 반쯤 익힌 후 종이를 벗기고 기름과 소금을 섞어 발라 굽는다.

㊿-1 봉총찜

꿩고기를 털이 없게 뽑을 때, 가죽이 상하지 않게 깨끗하게 뜯어 사각을 떠 다리 껍질을 통으로 자루처럼 벗겨 제친다. 그리고 아랫마디 뼈만 두고 윗마디는 베어내고 살을 긁어낸다. 발라낸 꿩고기 살과 쇠고기를 섞어 두드려 심줄이 없게 하고 생강, 파, 후춧가루를 내어 섞어 유장을 섞어 주물러 소반 위에 펴고 큰 꿩고기 모양[49]으로 만든다. 꿩 껍질과 다리 아래 뼈를 없애지 않고, 다시 씌워 (원래대로 꿩다리)모양을 만든다. 이처럼 여럿을 만들어 나물과 각색 양념

48)《주식시의》에는 '참깨꽃이나 가지꽃을 말려'로 기록되어 있다.

49)《규합총서》에는 생치다리 모양이라 하였다.

을 넣어 가루즙을 하여 찜으로 쓴다.

50-2 봉총구이

구이로 쓰려면 물을 적신 종이를 깔고 그 위에 꿩을 놓아 반쯤 익으면 유장을 발라 다시 굽는다.

51 열구자탕

꿩고기, 진계, 해삼, 전복, 양, 천엽, 부화, 곤자소니, 골, 돼지고기, 도라지, 순무, 미나리, 파, 박고지, 대하, 표고, 생선을 모두 방정하게 갸름갸름 잘게 썰어 기름 쳐 지진다. 그리고 골과 생선과 미나리는 전으로 달걀 씌워 지진다. 돼지고기가 많아야 좋다. 이 모두를 그릇에 담는다. 생선은 빛이 고운 것으로 하고, (흰살 생선은) 달걀을 황백색으로 전유어같이 부쳐 썰어 꿩고기 소를 양념하여 찹쌀 조악을 잘게 빚어 꿩고기 소를 넣어 지진다. 각색 것을 색 맞추어 찬합에 넣듯 옆옆이 담고 달걀을 황백색으로 빛 곱게 붓고 게 검은 장에 달걀 조금 섞어 기름, 소금을 쳐 부치면 빛이 주황색 같을 것이다. 귀나게 베어 위에 좋은 흰떡을 얇게 썰고 가는 국수 3~4치 길이로 잘라 조악과 함께 담았다가 열구자탕 그릇에 붓는다. 끓거든 흰떡과 국수와 조악을 한데 넣어 끓여내어 후춧가루를 뿌려 쓴다. 모리[50]가 쓰이지 않았으니 고기를 모리하여[51] 달걀에 지져 쓴다.

52 승기악탕

살찐 진계를 두족[52]을 없애고, 내장을 꺼낸다. 진계의 뱃속에 술 1잔, 기름 1잔, 좋은 식초를 1번 쳐서 죽침으로 꿴다. 박고지, 표고, 파, 돼지고기의 기름기를 많이 썰어 넣고 수란[53]을 까서 넣고 금중탕[54]을 만들 듯 한다. 이것이 왜관 음식으로 '기악보다 낫다'라고 하는 것이다.[55]

53 완자탕

큰 생선을 껍질과 뼈를 없애고 살을 가늘게 다져 후추, 생강, 파, 표고, 유장을 합하여 주물러 밤알만큼씩 환을 빚어 가운데 잣을 하나씩 넣어 달걀이나 녹말을 씌워 장국에 끓인다.

54 족편

소를 넣으려면 족을 고을 때 기름을 하나도 걷어내지 말고 농란하게[56] 곤다.

50) 모리: 완자의 방언

51) 모리하여: 완자로 만들어

52) 두족(頭足): 진계의 머리와 발

53) 수란: 달걀

54) 금중탕: 《주찬》(윤숙경 편역, 1998)에 기록된 '금중탕(錦中湯)'은 "묵은 닭을 푹 삶아서 다시마·박고지·토란·무를 손가락처럼 썰어 넣고 함께 지진 다음 장을 넣고 간을 맞춘다."고 하였다.

55) 승기악탕(勝妓樂湯)은 기생이나 음악보다 음식 맛이 좋다는 뜻이다. 또 일본으로부터 유입된 음식이라 왜관 음식이라 하였는데, 이학규(1770~1835)의 《금관죽지사(金官竹枝詞)》에 따르면 신선로로 끓여먹는 승가기(勝佳妓)라는 고기국은 본디 일본으로부터 전래된 것이라고 하였다.

56) 농란하게: 잘 익은 상태를 이르는 옛말

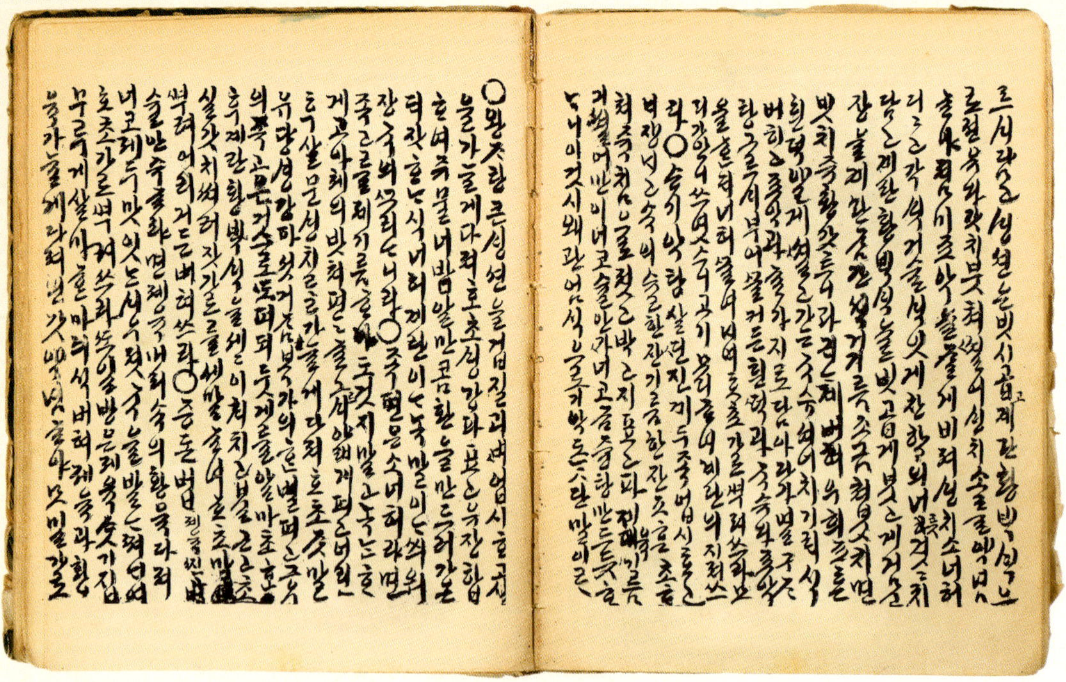

그리고 체에 밭쳐 편평한 그릇에 얇게 펴고 어린 후 삶은 꿩고기를 가늘게 다져 후추, 잣가루, 유장, 생강, 파를 섞어 잠깐 볶아 듬뿍 위에 펴고, 그 위에 족고은 것을 다시 편다. 이때 두께를 알맞게 한 후에 달걀을 황백색으로 가늘게 채치고 붉은 고추를 실같이 썰고 잣가루를 곱게 가루 내어 뿌리고 후춧가루를 뿌린다. 어리거든 베어 쓴다.

55-1 증돈법

제육 찌는 법은 술안주로 하려면 돼지 머릿속에 쇠고기를 다져 넣고 제두(豬頭)에 맛있는 새우젓국을 발라 쪄낸다. 그리고 후춧가루를 뿌려 쓴다.
또 다른 한 방법은 돼지고기 새끼집을 무르게 삶아 한 마디씩 베어내어 돼지고기와 쇠고기 가늘게 다져 온갖 양념하여 메밀가루에 잘 섞어서 소를 넣고 닭이나 꿩고기나 전복, 해삼, 나물을 썰어 넣고 깨소금, 유장으로 간을 맞추어 찜을 하면 좋다.

55-2 아저찜

새끼 밴 돼지를 잡아 새끼집 속에 쥐같이 들어 있는 아저를 깨끗하게 씻어 그

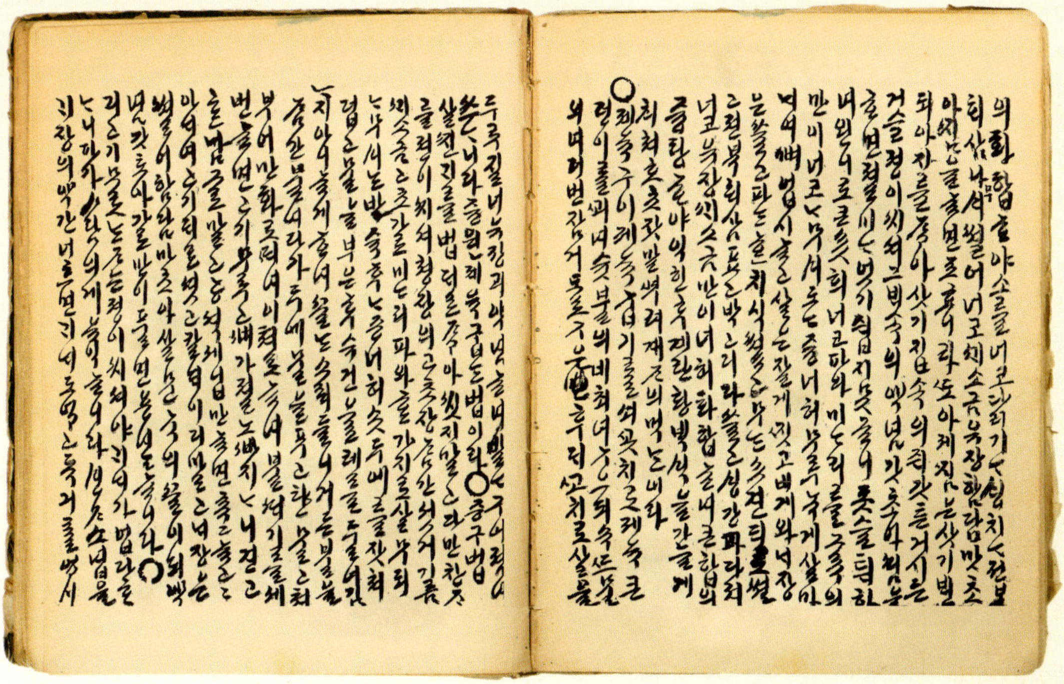

뱃속에 양념을 갖추어 찜을 하면 맛이 절미하나 얻기가 쉽지 않다. 돼지를 튀하여 통으로 큰 솥에 넣고 파와 미나리를 그 속에 많이 넣고 나물도 나중에 넣어 무르녹게 삶아낸다. 아저의 뼈를 제거하고, 살은 잘게 찢는다. 비계와 내장은 썰고, 파는 1치씩 썰고, 무는 마음대로 썬다. 전복, 해삼, 표고, 박고지를 다 썰고 생강과 파를 다져 넣는다. 유장과 깨소금을 많이 넣어 잘 섞어서 큰 합에 중탕하여 익힌다. 그런 후에 달걀 황백색을 가늘게 채쳐 후추와 잣가루를 뿌려 겨자에 (찍어) 먹는다.

56 제육구이

돼지고기 굽기는 쇠꼬챙이로 돼지고기 큰 덩이를 꿰어 숯불에 비추어 굽는다. 구울 때 속뜨물[57]에 여러 번 담가 다시 굽는다. 그 후에 대꼬챙이로 살을 골고루 찔러 유장과 양념하여 발라 구워 저며 쓴다. 이것이 중원[58]에서 돼지고기를 굽는 방법이다.

57 증구법(烝狗法)

살찐 개를 법대로 잡아 씻지 말고, 창자만 깨끗하게 씻어 청장에 고추를 조금

57) 속뜨물: 쌀을 여러 번 씻은 다음에 나오는 깨끗한 뜨물

58) 중원(中原): 중국문화의 발원지인 황하(黃河)강 중류의 남북(南北) 양안(兩岸)의 지역(地域)

섞어 기름, 깨소금, 고춧가루, 미나리, 파와 함께 삶는다. 반쯤 익힌 후에 나물을 넣어 솥뚜껑을 제쳐서 덮고[59] 물을 부어 수건으로 테를 둘러 김이 나가지 않게 한다. 끓는 소리가 들리거든 불을 잠깐 물렸다가[60] 뚜껑의 물을 푸고 찬물을 다시 부어 아주 약한 불로 땐다. 이처럼 하여 불 때기를 3번 하면 고기가 무르고 뼈가 저절로 빠진다. 견고한 나무로 하지 말고 빈가마니 3닢[61]만 하면 촉촉하다. 고아 내어 고기대로 섞고 칼을 대지 않고 내장은 썰어 간을 맞추어 삶은 국에 넣어 끓이되, 양념을 갖추어 (밀)가루를 많이 풀면 용열해진다.

58 개고기

개고기를 모르는 사람은 깨끗하게 씻어야 개 냄새가 없다고 하지만, 피가 사람에게 유익하다. 생자소잎을 개장에 약간 넣으면 개 냄새도 없어지고 독기를 없게 한다. 삶을 때 길혀[62]를 넣으면 개 냄새가 나니 넣지 않는다. 개고기를 먹고 살구씨를 먹으면 체하지 않는다. 개를 죽일 때 찔러 죽이지 말고 달아매어 죽여 껍질 벗길 때 그릇을 놓아 피와 고기를 함께 받고 버리지 않는다. 밤눈 밝은 개는 미치려 하는 것이니 먹지 말고, 황구는 눈 흰자가 누른 것은 무기토색(戊己土色)[63]으로 보비 위하니 여자의 혈분의 성약이고, 배와 사족, 꼬리가 검은 개는 임계수색(壬癸水色)[64]으로 신경에 성약이니 남자에게 유익하다. 매번 술일[65]에는 개를 먹지 않는다.

59 사슴고기

녹육(鹿肉)은 십이진(十二辰)에 다 피하는 것이 없다.[66] 영한 풀을 먹은 짐승이기 때문에 도가[67]에서 먹기를 피하지 않는다. 만일 약 먹는 사람이 먹으면 백약이 다 효험이 없게 되는데 사슴이 일상에 먹는 해독하는 풀을 먹기 때문이다.

60 양고기

양고기는 양기가 부족한(虛冷) 사람이 먹으면 성약(聖藥)이 된다. 성미가 매우 뜨겁기 때문에 작은 아이와 임신한 부인은 먹지 못한다. 그 간을 회로 먹으면 청맹[68]을 고칠 수 있다고 한다.

61 돼지고기

돼지고기는 본래 힘줄이 없다. 성미가 매우 냉하고 동풍[69]하여 회춘(回春)에

59) 제쳐서 덮고: (뚜껑을) 뒤집어서 덮고

60) 아궁이의 불타는 땔감을 잠시 꺼내어 불기운을 약하게 하였다가

61) 닢: 납작한 물건을 세는 단위이다. 흔히 돈이나 가마니, 멍석 따위를 셀 때 쓴다.

62) 길혀: 지라

63) 무기토색(戊己土色): 천간의 무기는 음양오행으로 보면 토에 해당하며 토는 색으로는 황색이다. 몸에는 비와 위에 연관됨을 말한다.

64) 임계수색(壬癸水色): 천간의 임계는 음양오행으로 보면 수에 해당하며 수는 색으로는 흑색이다. 몸에는 신장과 생식에 연관됨을 말한다.

65) 술일(戌日): 개날, 지지(地支)가 술(戌)로 된 날

66) 자(子), 축(丑), 인(寅), 묘(卯), 진(辰), 사(巳), 오(午), 미(未), 신(申), 유(酉), 술(戌), 해(亥) 날에 피하는 날이 없이 모두 좋다.

67) 도가(道家): 중국 선진(先秦) 시대 제자백가의 하나이다. 노자와 장자의 허무, 염담(恬淡), 무위(無爲)의 설을 받든 학파로, 만물의 근원으로서의 자연을 숭배하였다. 유가와 더불어 양대 학파를 이룬다.

68) 청맹(靑盲): 청맹과니, 겉으로 보기에는 눈이 멀쩡하나 앞을 보지 못하는 눈

69) 동풍(動風): 병으로 몸의 전체 또는 일부분에 일어나는 경련

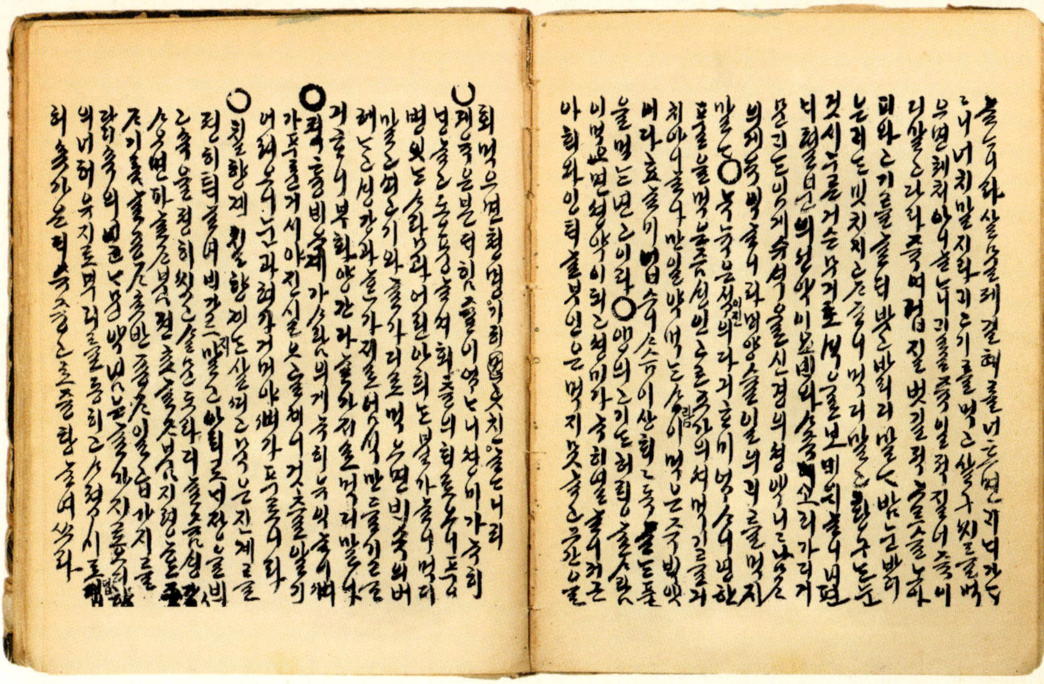

해로우니 풍병이 있는 사람과 어린 아이는 불가하니 먹으면 안 된다. 쇠고기와 함께 먹으면 뱃속에 벌레가 나고, 생강과 함께 음식 만들기를 피한다. 부화와 양 간을 함께 먹지 않는다.

62 오골계

적흉배오계[70]가 사람에게 매우 유익하다. 뼈가 푸른 것이라야 진짜 오골계이다. 겉으로 알기가 어려운데 눈과 혀가 검어야 뼈가 푸르다.

63 칠향계

칠향계는 살찌고 묵은 진계(陳鷄)를 깨끗하게 튀하여 배를 가르지 말고, 아래로 내장을 빼고, 속을 깨끗하게 씻는다. 삶은 도라지 1줌, 생강 4~5편, 파 1자밤, 천초 1자밤[71], 간장 1종지, 기름 1종지, 식초 반 종지 이상 7가지를 닭 속에 넣고 남은 양념은 한 가지로 하되, 항아리에 넣어 유지[72]로 부리를 동여매고, 사기접시를 덮어 솥 가운데 넣고 수중기로 중탕하여 쓴다.

70) 적흉배오계(赤胸背烏鷄): 가슴과 등이 붉고 뼈가 검은 닭

71) 자밤: 나물 또는 양념 같은 것을 손가락 끝으로 집을 만한 정도의 분량

72) 유지(油紙): 기름종이

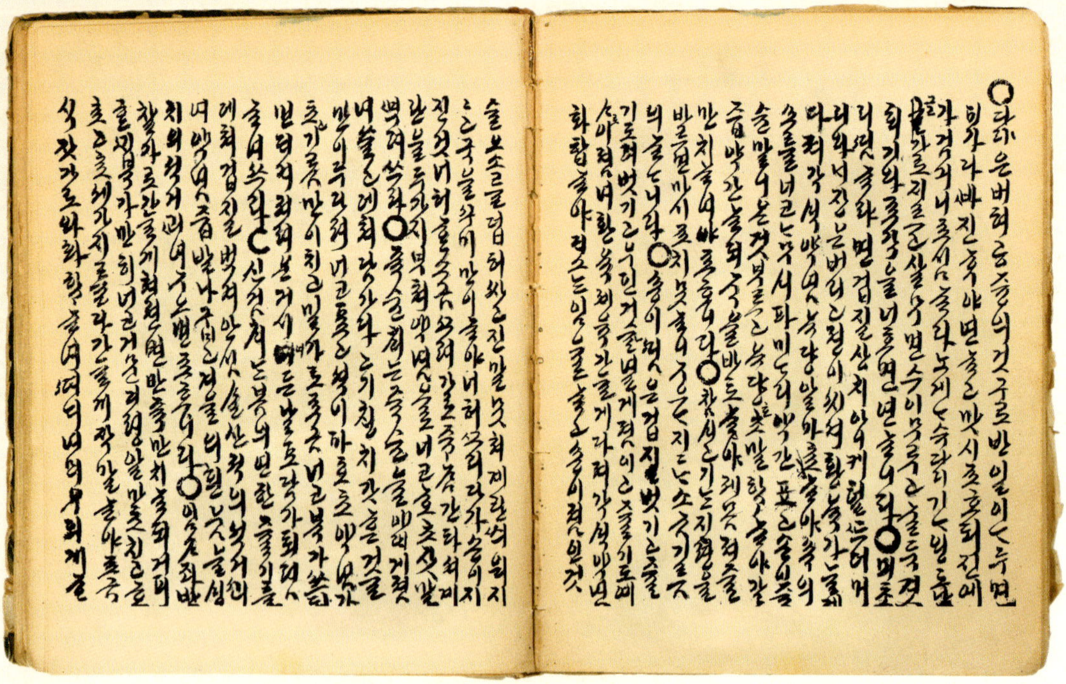

64 닭

닭은 베어 공중에 거꾸로 반일 정도 매달아 두면 피가 다 빠진다. 그런 후에야 연하고 맛이 좋다. 지네가 달라붙을 수 있으니 조심한다. 노계(老鷄)나 수탉은 앵두나무를 가로지르고 삶으면 쉽게 무르고 굴뚝 곁에 기와 조각을 넣으면 연해진다.

65 메추리찜

껍질이 상하지 않게 털을 뜯어 머리와 내장은 버리고 깨끗하게 씻는다. 그리고 쇠고기를 곱게 다져 각색 양념과 유장을 알맞게 하여 (메추리) 속에 소를 넣는다. 그런 후에 나물, 파, 미나리 약간과 표고, 송이, 죽순 말린 것을 불리고 유장, 후춧가루를 합하여 가루즙을 약간 넣는다. 이때 국물을 바특하게 제 몸 젖을 만큼 하여야 좋다.

66 참새고기

참새고기는 간장을 바르면 맛이 좋지 못하다. 구우나 지지나 소금 기름에 한다.

67 송이찜

껍질을 벗기고, 줄기를 도려내어 벗기고 지나치게 자란 갓 부분을 얇게 저민다. 줄기도 예사로이 저며, 쇠고기와 돼지고기를 곱게 다져 각색 양념하여 잘 섞어서 크기는 임의로 하고, 송이 저민 것으로 소를 덮어 싸고 밀가루를 묻혀 달걀을 씌워 지진다. 그런 후에 국물에 꾸미를 많이 하여 넣고 끓이다가 송이 지진 것을 넣어 한소끔 끓여 가루즙을 잠깐 타서 달걀을 (황백) 두 가지로 부쳐 양념[73]으로 넣고 후추와 잣가루를 뿌려 쓴다.

68 죽순채

죽순을 얇게 저며 썰고 데쳐 물에 담갔다가 고기와 꿩고기 같은 것을 많이 다져 넣는다. 표고, 석이, 파, 후추 양념을 갖추고 기름을 많이 치고, 밀가루를 조금 넣고 볶아 쓴다. 먼 데서 절여 온 것이거든 날포[74] 담가 퇴염하여[75] 쓴다.

69 신검채

승검초는 봄에 연한 줄기를 데쳐 껍질 벗겨 안심과 같이 산적에 섞어 꿰어 양념즙을 발라 굽는다. 겨울에 흰 움[76]을 꿩고기와 섞어 꿰어 구우면 좋다.

70 임자좌반

찹쌀가루를 곱게 체에 쳐서 (물을 붓고) 전병 반죽만큼 하되, 껍질 벗긴 깨 볶아 많이 넣고 검은 간장을 알맞게 치고 후추, 고추 이 3가지를 다 곱게 가루 내어 조금씩 잣가루와 잘 섞어서 쪄낸다. 쪄서 매우 익게 하여 분가루[77] 놓아가며 얇게 밀어지게[78] 썰어 전 지지듯 한다.

71-1 다시마튀각

다시마를 물에 불려 다시 반 정도 말려서 미끄럽지 않을 만큼 말린다. 좋은 찹쌀은 소금 간을 하여 밥을 되게 지어 더운 김에[79] 한 알씩 떼어낸다. 다시마를 반듯반듯하게 베어 한편만 (찹쌀)밥알로 빈틈없이 박아 볕에 말린다. 강반[80]같이 되거든 기름에 띄워 지져 밥알이 묻은 면을 꿀을 잠깐 발라 잣가루를 묻혀 쓴다.

73) 양념: 웃기나 고명으로 넣고

74) 날포: 하루 남짓 동안

75) 퇴염하다(退染): '토렴하다(밥이나 국수에 뜨거운 국물을 부었다 따랐다 하여 덥게 하다)'의 원말이다. '물들였던 물건의 빛깔을 도로 빨아내다'는 뜻도 있다. 여기서는 짠 소금기를 뺀다는 의미이다.

76) 흰움: 승검초의 새로 나는 흰색의 싹

77) 분가루: 밀판에서 반죽을 밀 때 밀가루, 녹말가루, 메밀가루 등을 써서 반죽이 붙지 않도록 하는 가루

78) 《규합총서》에는 '밀어 귀지게'로 기록되어 있다.

79) 더운 김에: 뜨거울 때

80) 강반: 찹쌀을 쪄서 말린 것을 보자기에 싸서 끓는 기름에 넣어 부풀린 산자밥풀의 평북 방언

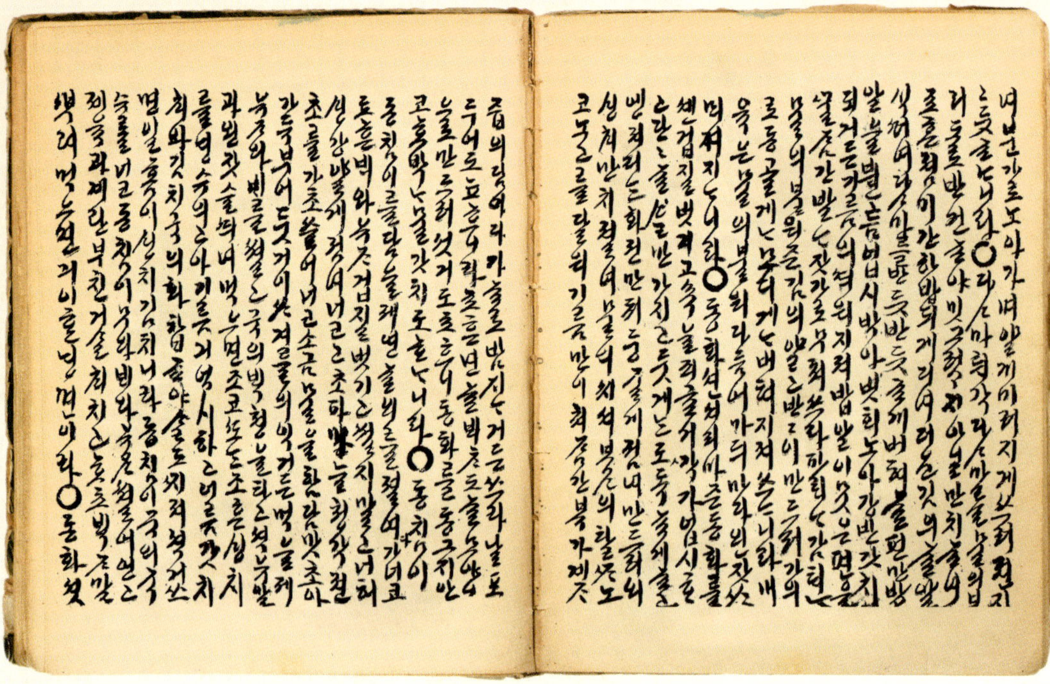

71-2 파래자반·감태자반

파래나 감태[81]를 물에 불린 김을 얇고 반반하게 만들어 가위로 둥글게나 모나게 베어 지져 쓴다.

81) 감태(甘苔): 감태라는 이름 자체가 '달콤한 김'이란 뜻이다. 연녹색인 감태는 김, 파래, 매생이와 함께 겨울철 '해조류 사총사'다. 파래보다 가늘고 매생이보다 두껍다. 추운 겨울에만 채취할 수 있어 매년 12월에서 이듬해 3월이 제철이다.

71-3 미역자반

미역은 물에 불려 다듬어 마디마다 통잣을 싸매서 지진다.

72 동화선

서리 맞은 동아를 센 껍질 벗기고 속을 모두 긁어 깎아 (속이) 없게 한다. (동아의) 단단한 살만 가지고 두께는 도독하게 하고 가장자리는 화전같이 둥글게 저며 만든다. (썬 동아를) 오이생채만큼 절여 물에 씻어 보자기에 잘 짜 놓는다. 노구를 달궈 기름을 많이 쳐 잠깐 볶아 겨자즙에 담았다가 하룻밤 지나거든 쓴다. 날포 두어도 좋다. 좋은 연한 배추도 같은 모양으로 만들어 섞어도 좋다. 동아를 동그랗지 않고 호박나물같이도 만든다.

73-1 동치미

동치미를 담글 때는 연한 오이를 절였다가 넣고 좋은 배와 유자 껍질을 벗겨 썰지 말고 넣는다. 그런 후에 생강을 얇게 저며 넣고 고추, 파, 마늘, 청각, 천초를 갖추어 썰어 넣는다. 그리고 소금물로 간을 맞추어 가득 부어 두껍게 겨울에 익거든 먹을 때 유자와 배를 썰고 동치미 국물에 꿀을 타서 석류알과 통잣을 띄워 먹으면 좋다.

73-2 생치김치

좋은 꿩고기를 냉수에 고아 기름기가 없게 하고, 얼음을 같이 채워 김칫국에 잘 섞어서 살도 찢어 섞어 쓴다.

73-3 냉면

동치미 국물에 국수를 넣고 동치미 무와 배와 유자를 썰어 얹고 돼지고기 편육과 달걀 부친 것을 채치고, 후추, 잣가루를 뿌려 먹으면 기이한 맛의 냉면이 된다.

74 동아섞박지

동아가 매우 크고 한 곳도 상하지 않은 것을 서리 임박하여 딴다. 분빛[82] 같은 동아를 위를 얇게 베고 손을 넣어 씨와 속을 모두 긁어낸 후 조기젓국을 가득이 붓는다. 청각, 파, 마늘, 생강, 고추를 잘라 (넣어) 절구에서 가루가 되도록 곱게 찧어서 (동아 속에) 넣고 베어낸 딱지를 다시 덮어 맞추고 종이로 틈이 없게 발라 덥지도 않고 얼지도 않게 둔다. 그렇게 두었다가 겨울에 열어보면 맑은 국물이 가득히 괴어 있을 것이니 깨끗한 항아리에 국물을 쏟고 동아를 썰어 담아 두고 먹으면 그 맛이 절미이다.

75-1 장김치

여름에는 어린 오이를 잠깐 데쳐 무와 배추 이 3가지를 장에 절여 숨을 죽인다. 숨이 죽거든 파, 생강을 썰어 생복이나 전복을 넓게 저며 마른 청각, 마늘, 고추 양념을 제제이[83] 넣고 좋은 간장과 꾸미를 많이 넣고 끓여 물을 알맞게 타서 부어 익힌다. 전복이 없거든 조개를 혀만 베어 대신 넣어도 좋다.

82) 분빛: 흰색을 내는 채색

83) 제제이: 켜켜로

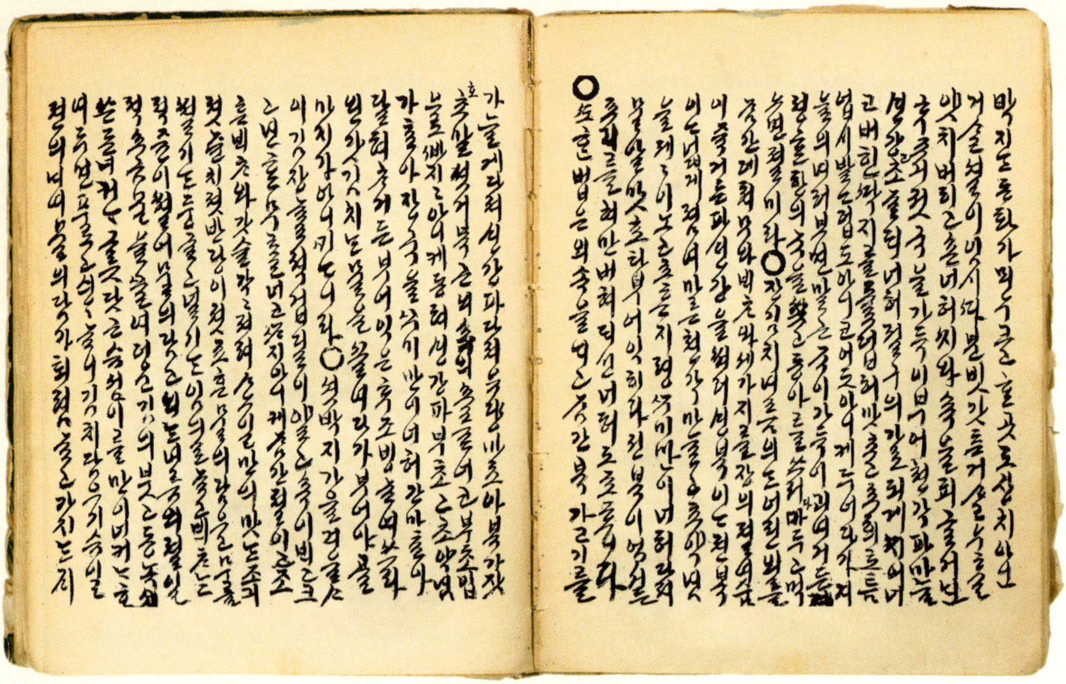

75-2 장김치

또 다른 방법은 오이의 속 씨 부분을 빼내고, 잠깐 볶아 고기를 곱게 다지고, 생강과 파를 다져서 유장과 맞추어 볶는다. 그리고 잣, 후춧가루를 섞어 볶은 오이 속에 소를 넣고 부춧잎으로 빠지지 않게 동여맨다. 그런 후에 생강, 파, 부추, 고추 양념을 갖추어 장국에 꾸미를 많이 넣어 간을 맞추어 달여서 차갑게 식힌 후 부어 익은 후에 조빙하여[84] 쓴다. 모든 김치는 물을 끓였다가 부어야 골마지가 끼지 않는다.

84) 조빙하여: 얼음에 채워서

85) 배고: 속이 꽉 차고

76 섞박지

가을, 겨울 사이에 김장할 때에 껍질이 얇고 속이 배고[85] 연한 무를 넣고 짜지 않게 잠깐 절인다. 그리고 좋은 배추와 갓을 각각 절여 4~5일 만에 맛있는 조기젓, 준치젓, 밴댕이젓을 좋은 국물에 담는다. 무를 썰 때, 둥글게 하고 넓기는 임의대로 한다. 배추는 적당히 썰어 물에 담고 오이를 여름에 절일 때는 소금물을 끓여 더운 상태로 붓고 동 녹이 쓴 돈을 넣거나, (놋)그릇을 닦은 수세미를 많이 넣거나 하여 두면 푸르고 싱싱하다. 이를 김치 담기 수일 전에 내어 물에 담가 퇴염하고, 가지는 잿물 밭친 재를 말려 켜켜이 묻어 봉하여 땅에 묻어 두면 갓 딴듯하다. 섞박지를 담는 날 내어 물에 담는다. 덜 익은 선 동아의 껍질을 벗기지 말고, 속만 긁어 없애고, 젓갈 종류는 비늘을 긁고, 생복, 소라, 낙지는 골육이나 내고[86] 깨끗하게 씻어 무와 배추를 광주리에 건져 물을 뺀다. 물이 빠진 후에 독을 땅에 묻고 무, 배추를 한 벌 넣고 젓 한 켜를 넣고, 청각, 파, 마늘, 고추, 생강 등의 것들을 위에 많이 뿌리고 나물 넣기를 켜켜이 떡 안치듯 한다. 그 후에 국물이 넉넉하게 하고 절인 배춧잎과 벗긴 무 껍질로 위를 두껍게 덮고 나뭇가지로 위를 가로질러 누른다. 그 후 젓 담았던 물이 적거든 맛있는 조기젓국과 굴젓국을 타서 가득이 붓고 두껍게 싸매어 덮어 익힌다. 익거든 동아를 쓸 때에 임박하여 벗겨 쓰면 빛이 옥 같을 것이다. 날이 더운 때 하면 국물이 쉴 것 같아 좋지 못하다. 무와 배추를 절인지 3~4일 만에 담되, 방문을 어기지 않아야 좋다[87].

86) 골육이나 내고: 내장을 제거하고

87) 방문을 어기지 않아야 좋다: 조리법대로 하는 것이 좋다.

88) 2월의 햇빛이면

89) 수득수득: 풀이나 뿌리 열매가 시들고 말라서 거친 모양

77-1 고추장

고추는 메주를 쑤려면 콩 1말에 쌀 2되를 가루로 하여 흰무리를 쪄서 메주콩을 찧을 때 한데 넣어 매우 찧는다. (메주가) 1줌 안에 들어가게 잘게 쥐어 띄우기는 법대로 한다. 매우 말려 곱게 가루 내어 가루 1말이면 소금 4되를 물에 타 버무린다. 질기는 묽은 의이만큼 하여 고춧가루 5홉이나 7홉이나 식성대로 섞고 찹쌀 2되 밥을 질게 지어 고루고루 버무린다. 그리고 대추 다진 것과 포육가루를 만들어 넣고 담는다. 고추장에 전복을 통으로 넣어 삭힌다. 그러면 생으로는 연하지 않으나 썰어 찌는 데 넣으면 신통하게 연해지고 무르고 장맛도 맛이 좋다.

77-2 고추장

콩 1말로 메주를 쑤려면 쌀 3되를 흰무리떡을 쪄서 쑨 콩하고 찧는다. 떡을 식혀 부수어서 찧어야 찧기가 쉽다. 꽤 찧어 잘게 손으로 쥐어 섬에 띄우되 이월해거든[88] 6~7일을 띄워 옷이 희게 입고 속이 노랗게 잘 마르거든 볕에 바랜다. 다 마른 후 가루를 내고 찰밥 5되만 지어 차게 식혀 물을 많이 말고 밥 겨우 풀릴 만큼만 하여 고춧가루와 한데 섞어 매우 쳐 둔다. 그것을 하룻밤 재운 후에 소금 2되 반쯤이나 간 소금으로 고루고루 버무려 항아리에 담는다. 담을 때 김치 무를 굵게 쪼개어 수득수득[89] 말려 넣어 담가 볕에 익힌다. 이때 저으면 메주 냄새가 나니 젓지 않는다. 익을 때 낮에는 뿌옇게 올라왔다가 저녁이 되면 주저앉고 다 익으면 뿌옇지 않을 것이다. 메주콩과 떡을 한데 찧을 때 소

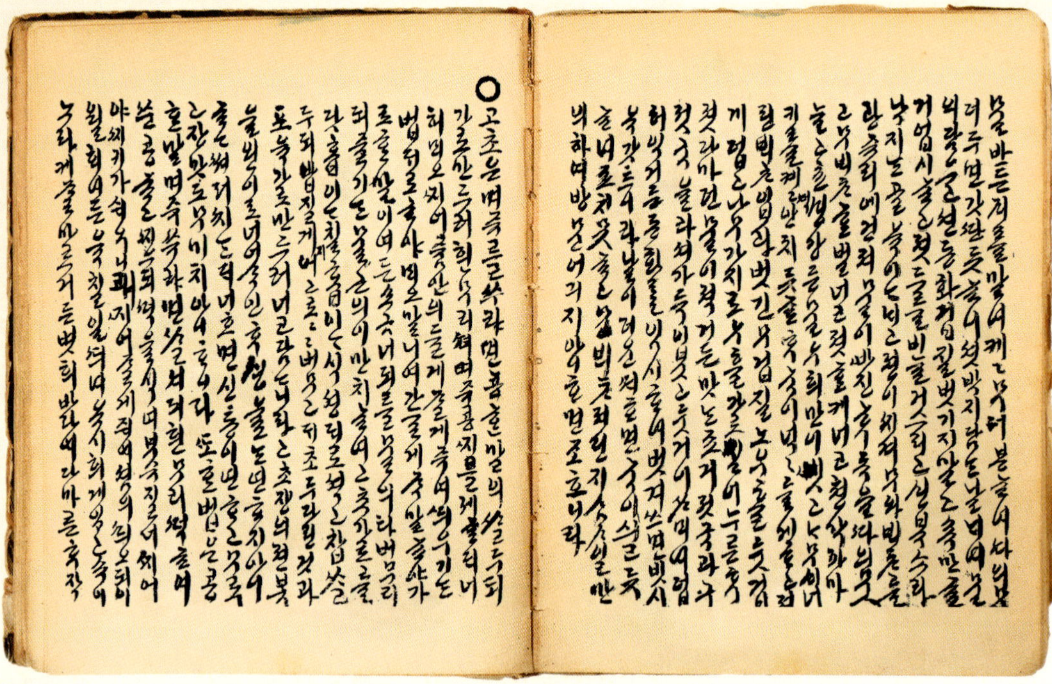

금 5홉만 넣으면 가시가 나지 않고, 밥의 물이 많으면 장이 묽어 맛이 시어지니 물을 밥알 겨우 풀릴 만큼 하고 무쭉이 잘면 녹아지고 이틀 볕을 쬐면 너무 말라 좋지 못하다.

78 장 담는 길일

정월 우수일[90], 입동일[91], 삼복일[92]에 장을 담그면 가시가 나지 않고, 해가 돋기 전에 담그면 가시가 없다. 벌레 나거든 초오[93]나 백부근[94] 4조각만 위에 얹으면 다 죽는다. 또는 청명일[95]에 꺾은 버들가지를 꽂는다. 상현[96] 하현일[97]이나 조금[98]에 담으면 곰팡이가 생긴다고 한다.

79 청태장

청태콩을 시루에 익게 쪄(절구에 찧어) 메주 덩어리를 칼자루처럼 만들어 콩잎을 덮는다. 그런 후에 누른 옷을 입거든 내어 예사[99] 더운 데 굴려 마르거든 소금을 너무 골케[100] 말고 장을 담으면 그 맛이 담하여[101] 매우 좋다. 가시가 꾀이기 쉬우니 메주를 바싹 말려 담으면 오랫동안 두어도 상하지 않는다.

90) 우수일(雨水日): 24절기(節氣)의 하나이다. 양력(陽曆) 2월 19일 경(頃)으로 입춘(立春)과 경칩(驚蟄) 사이에 있다.

91) 입동일(立冬日): 24절기(節氣)의 열아홉째. 상강과 소설(小雪) 사이에 드는 데, 양력(陽曆) 11월 7일이나 8일이 된다.

92) 삼복일(三伏日): 초복(初伏), 중복(中伏), 말복(末伏)이다. 하지(夏至) 뒤의 셋째 경일(庚日)인 초복(初伏)과 넷째 경일(庚日)인 중복(中伏)과 입추(立秋) 뒤의 경일(庚日)인 말복(末伏)이다.

93) 초오(草烏): 바꽃의 덩이뿌리를 한방에서 이르는 말이다. 독성이 많은 열성(熱性) 약재로, 심복통·관절통 따위에 쓰인다.

94) 백부근(百部根): 파부초 뿌리를 한방에서 이르는 말이다. 폐를 윤활하게 하여 기침을 멈추게 하는 데 쓰인다.

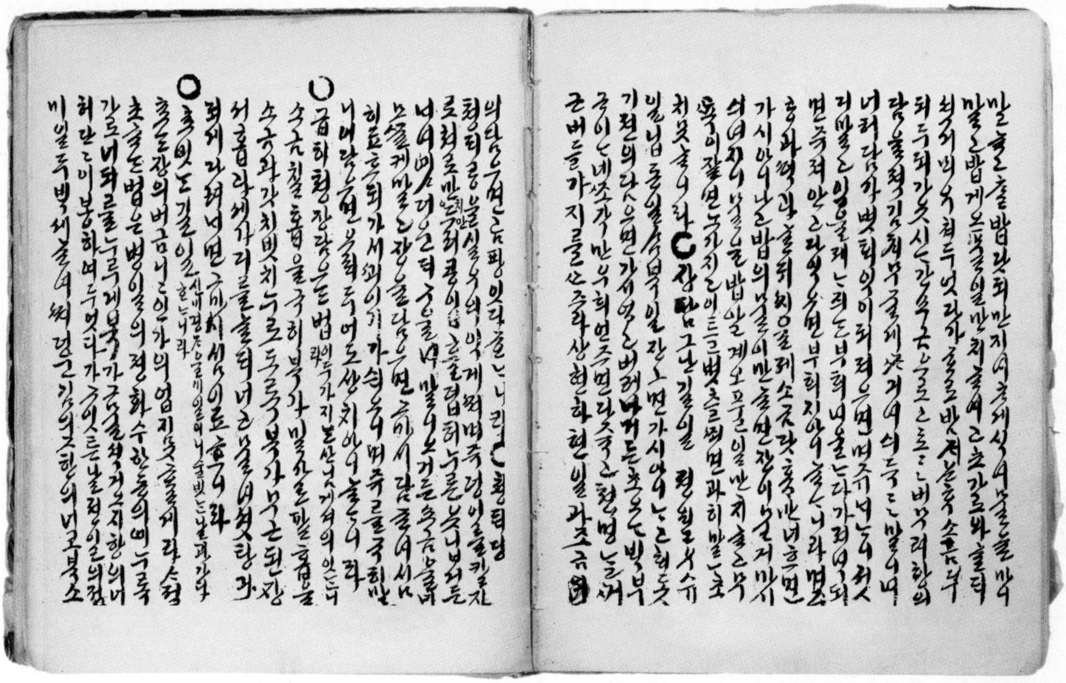

80 급히 청장 담는 법

급히 청장 담는 법 두 가지는 《산림경제》에 있다. 소금 7홉을 매우 볶고 밀가루 8홉을 소금과 같이 누르도록 볶아 묵은 된장 3홉과 3가지를 한데 넣고 물 6탕기[102] 되게 달여 내면 그 맛이 매우 좋다.

81-1 초 빚는 길일

초 빚는 길일은 신미(辛未), 경자(更子), 을미일(乙未日)이니 술 빚는 날과 같다. 식초는 장 다음으로 중요하여 집안에 없어서는 안 되는 것이다.

81-2 사절초

사절초하는 법은 병일(丙日)에 정화수 1동이에 누룩가루 4되를 누렇게 볶아 그 물을 섞어 오지항아리에 넣어 단단히 봉하여 둔다. 이튿날 정일(丁日)에 찹쌀 1말을 깨끗이 씻어서 쪄 더운 상태로 그 항아리에 넣고 복숭아 나뭇가지로 저어 두껍게 봉하여 햇볕이 잘 드는 땅(向陽之地)에 두면 식초가 된다.

95) 청명일(淸明日): 24절기(節氣)의 하나이다. 춘분(春分)과 곡우(穀雨)의 사이로, 양력(陽曆) 4월 5·6일께이다.

96) 상현(上弦): 7일경

97) 하현(下弦): 23일경

98) 조금: 조수(潮水)가 가장 낮은 때를 이르는 말. 대개 매월 음력 7, 8일과 22, 23일에 있다.

99) 예사(例事): 보통 있는 일, 다반사, 상사(常事), 예상사

100) 골케: 그릇에 꽉 차지 않게 빈 공간이 있다. 보통의 장보다 소금의 양을 적게 하는 것이다.

101) 담하다(淡): 담백하다, 음식이 느끼하지 않고 산뜻하다.

102) 탕기: 국그릇

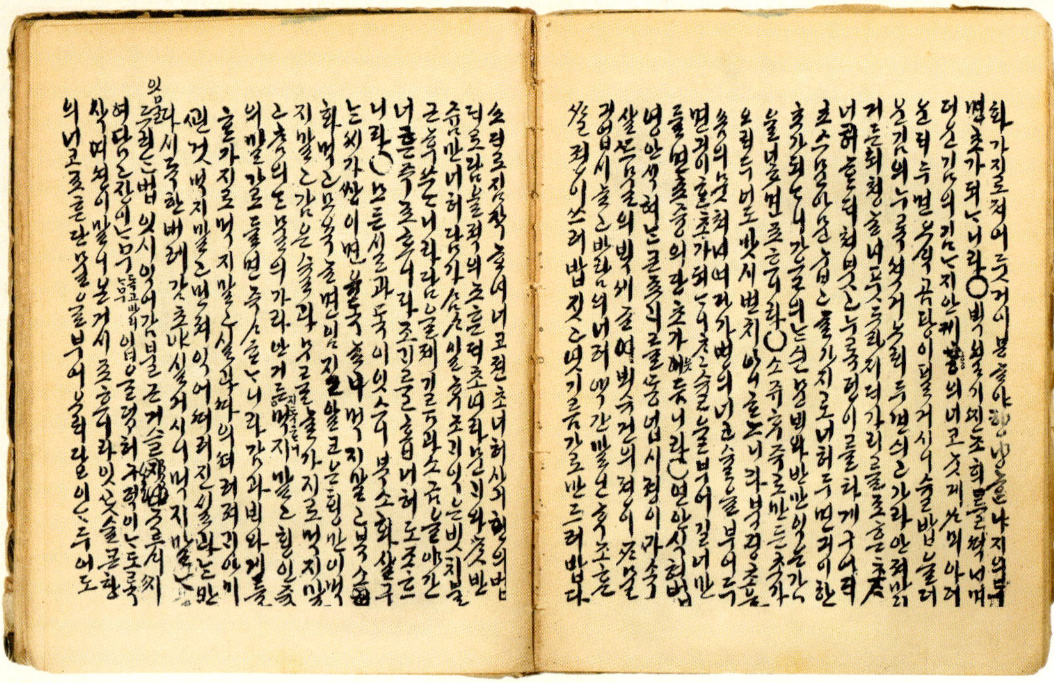

82-1 식초

백설기를 찐 종이를 떡 내어 더운 상태로 김이 새지 않게 항아리에 넣고 굳게 싸매어 더운 데 둔다. 그러면 오색 곰팡이가 필 것이니 술밥을 더운 상태로 누룩을 섞어 오래 둔다. 시큼한 냄새가 나고 가라 앉아 맑아지거든 퇴청한다[103]. 풋도라지 대가리를 좋은 초사를 넣어 한데 쳐 붓는다. (그리고) 누룩덩이를 타게 구워 대추 20개를 구워 함께 넣어두면 기이한 초가 된다. 가을에는 신 문배와 반만 익은 감을 넣으면 좋다.

82-2 식초

소주 후주[104]로 만든 초가 오래 두어도 맛이 변하지 않는다. 북경 식초를 솜에 묻혀 내었다가 병에 넣고 술을 부어 두면 기이한 초가 된다. 차차 술을 부어 길러 만들면 식초 중에 단초가 으뜸이다.

83 연안식해

큰 조개를 똥이 없게 깨끗하게 까서 속살을 뜨물에 깨끗하게 씻고, 베수건에

103) 퇴청한다: 거른다

104) 후주(後酒): 물을 타지 아니한 진한 술을 떠내고 재강에 다시 물을 부어 떠낸 술

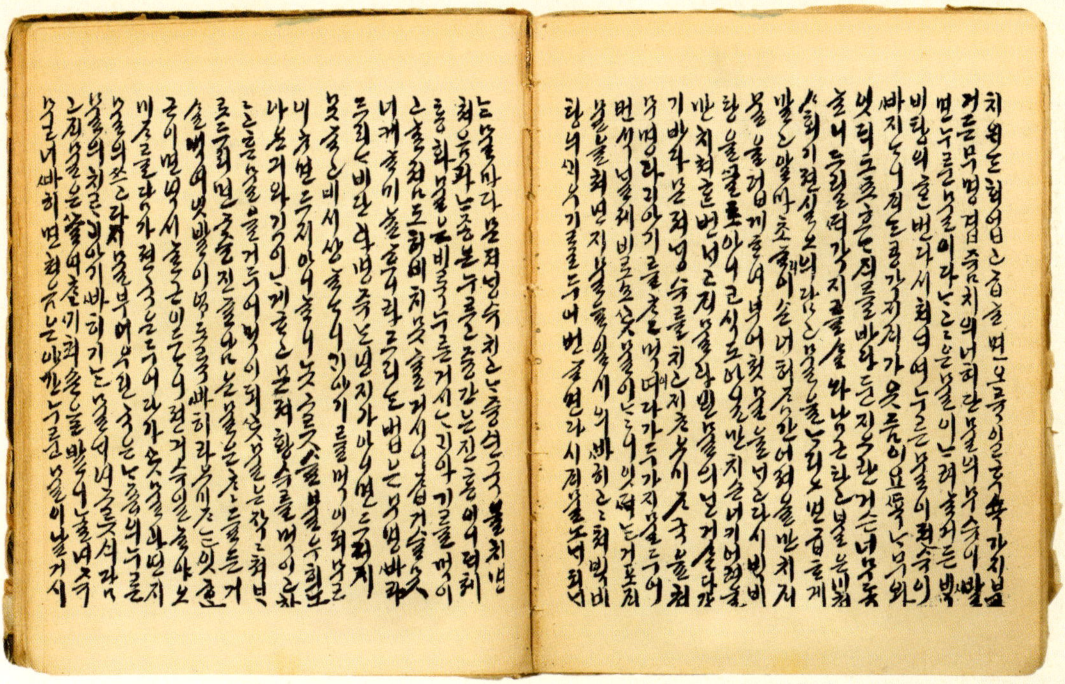

깨끗하게 짜서 물기가 없게 하여 바람에 널어서 약간 말린다. 좋은 쌀은 깨끗이 도정하여 밥을 짓는다. 엿기름을 가루로 하여 밥이 많고 적음을 짐작하여 넣는다. 그리고 천초를 넣어 사기 항아리에 법대로 담글 때에 좋은 대추 10개 남짓[105]과 잣을 반 줌만 넣어 담가 3~4일 후에 조개의 익은 빛이 붉어진 후에 쓴다. 담글 때 기름과 소금을 약간 넣으면 좋다. 조개를 흡[106] 넣어도 좋다.

105) 남짓: (수량을 나타내는 말 뒤에 쓰여) 크기, 수효, 부피 따위가 어느 한도에 차고 조금 남는 정도임을 나타내는 말

106) 흡: 더, 넉넉히

84 과일의 독

모든 실과는 독이 있다. 복숭아와 살구는 씨가 쌍으로 있으면 독이 있으니 먹으면 안 된다. 복숭아를 먹고 목욕을 하면 임질을 앓는다. 은행은 많이 먹지 말고, 감은 술과 무를 함께 먹지 말아야 한다. 참외는 물에 가라앉거든 지독하니 먹지 않는다. 행인죽에 밀가루를 넣으면 즉사한다. 감과 배와 게를 함께 먹지 않는다. 실과가 땅에 떨어져 개미가 꾄 것은 먹지 않는다. 먼저 익어 떨어진 실과는 반드시 독한 벌레가 감추어져 있을 것이니 먹지 않는다.

85 잇물 들이는 법

잇이 익을 무렵 감 붉은 것을 그릇에 찧어 담고 장이나 무(도꼬마리 나무)잎

을 덮어 구더기가 나도록 삭여 완전히 말린 것이 좋다. 잇꽃을 큰 항아리에 넣고 좋은 단물을 부어 오랫동안 두어도 추위에는 해가 없고 급하면 5~6일 후 속까지 불거든 무명 겹 주머니에 넣어 단물에 무수히 빨면 누른 물이 다 빠진다. 고은 물이 나려고 하거든 백비탕에 한 번 다시 쳐 내면 누른 물이 모두 빠진다.

재는 콩깍지 재가 으뜸이다. 쪽나무와 잇대도 좋으나 재를 받아둔 지 오래된 것은 너무 독하니 (물)들일 때 깍지를 태워 나무는 타고 불은 비춰 태우기 전 시루에 담고 물을 내리되 급하게 말고 알맞게 한다. 손을 넣어 잠깐 저을 만큼 잿물을 더워지게 하여 부어 첫물은 내고, 다시 백비탕을 끓는 것도 아니고 식은 것도 아닐 만큼 손 넣기 어려울 만큼 쳐 한 번 낸다. 그리고 잿물과 맨 물에 낸 것을 다 각기 받아 먼저 냉수를 치고, 지초와 오미자국을 쳐 무명과 개아기를 차고 먹이다가 두 가지 물을 두어 번씩 낼 때 비로소 끝물이 난다. 이때는 여러 번 잿물을 쳐 연지물을 일시에 빼고 다시 백비탕에 깨우기를 두어 번 하면 다시 잿물로 낸다. 내는 물마다 먼저 냉수 치고 나중 신국을 치면 처음과 나중은 누르고 중간은 진홍이다. 체홍화 물은 비록 누른 것이나 개아기를 먹이고 한 점도 허비하지 못할 것이다. 잡것을 못 넣게 하는 것이 좋다.

들이는 법은 무명을 빨아 들이나, 비단과 명주는 연지가 아니면 들이지 못하고 빛이 상하니 개아기를 먹이되 물이 차면 들지 않으니 놋그릇을 불 위에 놓아 온기와 김이 나게 한다. 그리고 먼저 황수를 먹이고 차차 고운 물을 거두어 먹이되 끝물은 작작 쳐 바로 들이면 그중 진한 남은 물은 차차 들든 것을 먹여 잇발이 없도록 빨아야 한다. 오미자는 잇 1근이면 역시 1근이 든다. 물들이기 수일 전에 오미자를 담가 진국을 두었다가 끝물과 연지물에 쓴다. 다시 물을 부어 우린 국은 나중에 물이 칠 개아기 빨은 물을 내어 그릇에 담고 잿물은 끓여 찬기 쳐 손으로 빨리 놀려 주물러 빨면 처음에는 약간 누른 물이 날 것이니 오미자국을 쳐 무명에 들인다. 두세 번째는 금빛이 나니 냉수를 치고 오미자 진국을 부어 매우 저어 놓으면 곧 거품이 일어 송이지게 엉기어 황수는 위로 뜨고 연지는 엉기어 가라앉는다. 그러면 얇고 질기게 다듬은 종이를 광주리 같은 데에 놓고 그릇을 받쳐 놓아두면 맑은 물이 흘러 빠질 것이다. 개아기는 흰 빛이 나도록 빨면 이 물도 연지가 섞였으니 비단 밑거리를 하여도 무방하다. 연지 안친 것이 물이 거의 빠진 후 종이 우그려 닿지 않게 동여매어 줄에 걸고 그릇을 받치면 차물이 빠진다. 이튿날 아침에 보면 연지만 엉긴다. 깨끗한 사기에 쏟으면 홍황 2근에 연지 거의 두고 보아 가나고 그 종이는 분홍을 들이면 좋다. 연지덩이를 젖은 상태로 되게 물에 개어 불에 데워 명주 비단에 먹이되 물을 작게 하여 묻히는 듯이 들인다. 진홍은 완전히 재와 물이

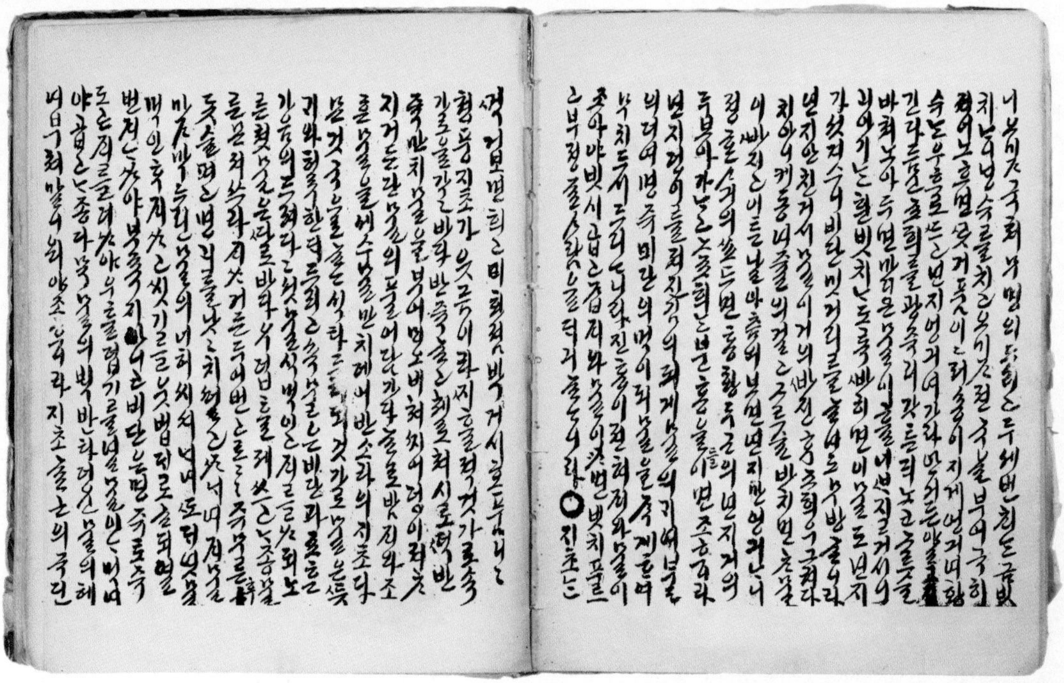

좋아야 빛이 곱다. 잡재와 물이 자연 빛이 푸른 것과 부정한 사람을 크게 피한다.

86 지초 들이는 법

지초는 꺾어 보면 희고 매화 점이 박힌 것이 호품이다. 청풍지초가 으뜸이다. 찧을 때 겉가루, 소가루를 각각 받아 반죽하고 체로 쳐 시루 떡 반죽만큼 물을 부어 매우 비쳐 찧는다. 덩이 져 차지거든 단물에 풀어 담갔다가 하룻밤 재와 좋은 물을 세숫물만큼 따듯하게 데워 반소라에 지초 담은 것국으로 하나씩 타 들이되 겉가루가 물은 뜯게[107]와 허름한 데 들이고 속물은 비단과 좋은 감에 들였다가 5물씩 먹이고 재를 싸되 노른 첫물은 따로 받아 위를 덮을 때 쓰고 나중 물은 먼저 써야 한다. 재 싸거든 두어 번 고루고루 주무른 후에 돗자리를 펴고 병개를 낱낱이 떨고 짜내어 또 5~6번 물 먹인 후 재 싸고 씻기를 위의 법대로 하되 열 번째는 싸야 부족하지 않다. 비단은 명주, 토주보다 재를 더 싸서 위를 덮기를 10물이나 먹여야 곱다. 나중에 담을 물에 백반을 타 더운 물에 헹구어 말려야 좋다. 지초 1근을 극진히 들이려면 5~6 척 남짓 든다. 명주 1필에 6근이 든다. 혹 지초를 바로 들이면 헤프다고 하여 명주 자루에 넣어 물을

107) 해지고 낡아서 입지 못하게 된 옷 따위를 통틀어 이르는 말

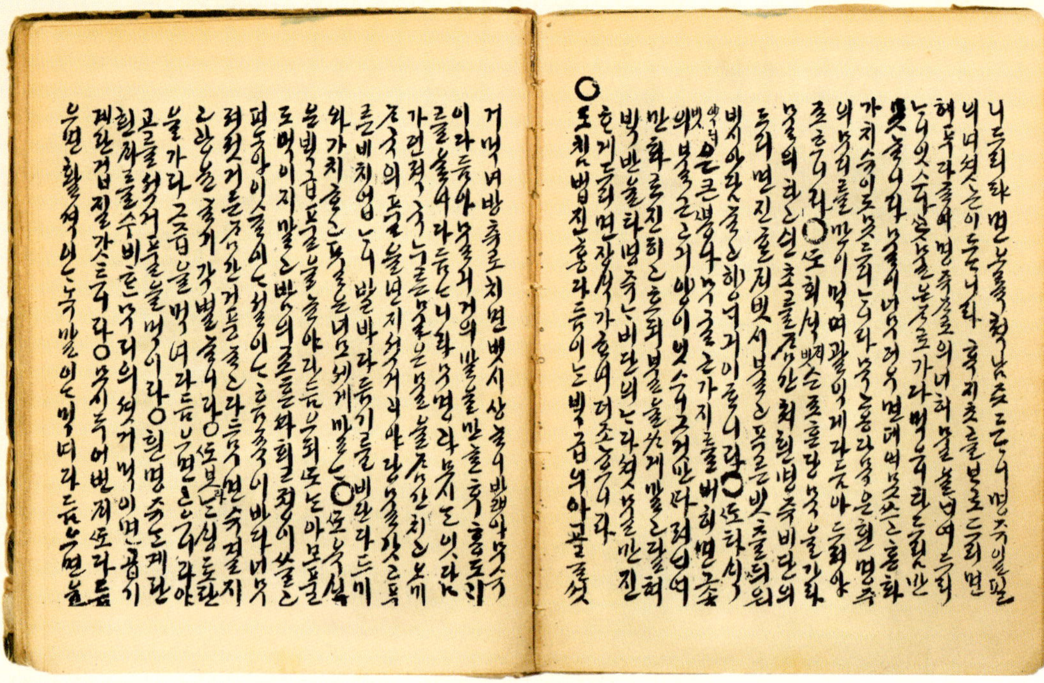

내어 들이는 사람이 있으나 끝물은 자루가 다 먹기 때문에 타 들이는 것만 못하다. 물이 너무 더우면 데어 못 쓰고 홍화같이 쉽게도 못 들인다. 묵홍 다목은 흰 명주에 무리를 많이 먹여 세게 익게 다듬어 들여야 좋다.

87 회색 들이는 법

또 회색(잿빛)은 좋은 당묵을 갈아 물에 타고 신 초를 잠깐 쳐 흰 명주 비단에 들이면 진한 잿빛이 불고 푸른빛을 띄워 빛이 아담하고 향냄새가 기이하다.

88 타색 들이는 법

또 타색(약대 빛)은 큰 뽕나무 굵은 가지를 베면 그 속에 붉은 고기양이 있으니 그것만 따라내어 아주 약한 불로 진하게 고되 불을 세게 하지 말고 달여 백반을 타 명주나 비단에 5물만 진하게 들이면 장색이 가해져 더 좋다.

89 도침법

진홍 다듬이는 백급에 아교를 섞어 먹여 방추로 치면 빛이 상하니 밟아 무수히 다듬어 물기가 거의 마를 만한 후에 홍두깨를 울려 다듬는다. 무명과 모시는 잇을 담가 더 적국 누른 물은 물을 잠깐 치고 오미자국에 풀을 연지 섞어 개어야 당물 같고 푸른빛이 없다. 밟아 다듬기를 비단 다듬기와 같이 하고 풀은 너무 세게 하지 않는다.

90 옥색 들이는 법

또 옥색은 백급 풀을 하여 다듬는다. 또는 아무 풀도 먹이지 말고 밤에 깨끗한 땅을 깨끗하게 쓸고 펴놓아 이슬이나 서리를 흠뻑 받아 너무 젖었거든 잠깐 바람 쐬고 다듬으면 수결지고 윤기 나기가 각별하다.

91 보라색 들이는 법

또 보라색은 생토란을 갈아 그 즙을 먹여 다듬으면 곱다. 아교를 섞어 물을 먹인다.

92 모시 풀 먹이는 법

모시를 두어 번 모두 또 다듬은 뒤 활석이나 녹말을 먹여 다듬으면 윤지고 풀 선다.

93 세의법

다홍은 신국을 쳐 빨면 선명해지고 자주는 오줌에 빨아야 상하지 않고 남은 녹두물과 두부숨물에 빨면 새로워지고 짙은 옥색을 엷게 하려면 무리물에 삶으면 엷어진다. 짙은 초록색은 신초에 빨면 옅어진다. 조색은 치자물에 빨면 빛이 나고 생베는 붉은 비름과 함께 삶으면 백저포 같고 다묵 묻은 것은 석유 황내를 쏘이면 희어진다. 온갖 약물과 괴한 물이 묻은 것은 생물을 문질러 빨면 진다. 먹 묻은 것은 우술가루를 물에 개어 발라 마르거든 떨어버리면 먹과 함께 떨어진다. 묻은 지 오래 된 먹은 행인을 씹어 문지르고 초를 발라야 진다. 머리 때 묻은 것은 염수를 끓여 빨면 지고, 피 묻은 것은 죽을 쑤어 더운 김에 쏘여 소 뼈 탄 재를 놓아 빨면 진다. 담뱃진 묻은 데는 복숭아잎을 찧어 문지르고 냉수에 빨면 진다. 기름과 먹이 함께 묻은 것은 반하가루, 오징어가루, 활석고, 백반 등을 잘 나누어 가루 내어 세정하고 마늘을 찧어 문지르고 행인과 대추를 문질러 빨면 진다. 기름 묻은 것은 활석이나 해가 처음 비추는 동벽 흙을 곱게 가루 내어 놓고 종이를 놓고 다리로 문지르면 흔적이 없어진다. 절어

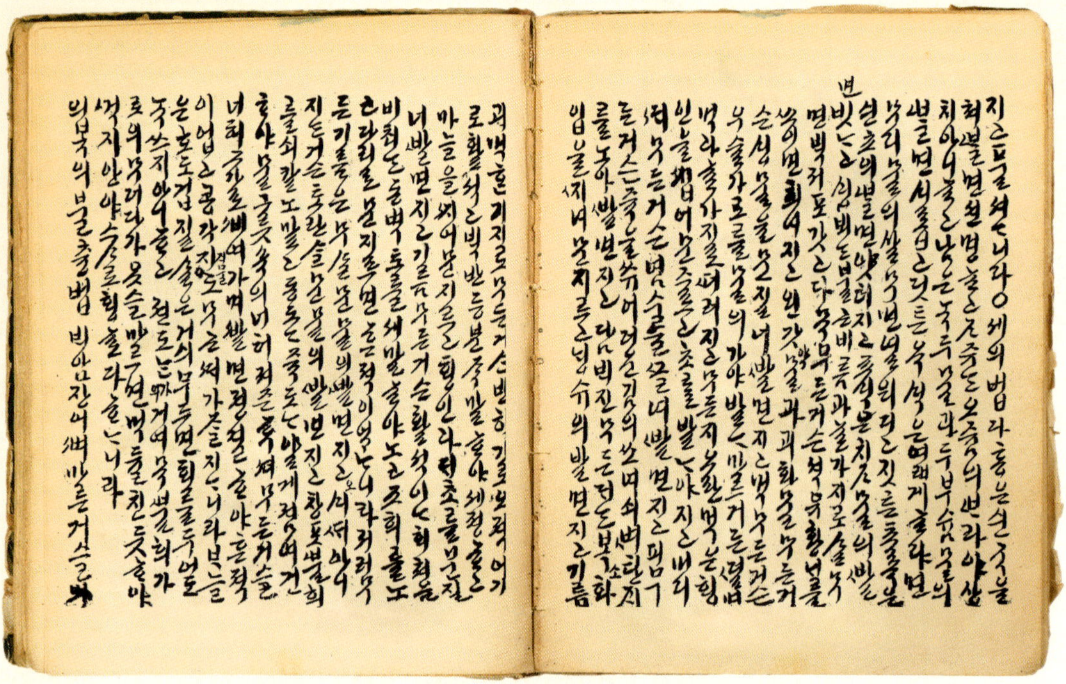

묻은 기름은 무 삶은 물에 빨면 진다. 새떼가 지지 않는 것은 토란 삶은 물에 빨면 진다. 창포 뿌리를 쇠칼로 하지 말고 동도나 죽도로 엷게 저며 말려서 물그릇 속에 넣어 젖은 후에 떠 묻은 것을 넣어 그 가루를 뿌려 가며 빨면 정결하여 흔적이 없어진다. 콩깍지 잿물로 하면 묵은 때가 잘 지워진다. 바늘에는 호두 껍질 사른 것이 묻으면 해가 지나도 녹 슬지 않는다. 전도는 가에 거여목 뿌리 가루에 묻었다가 옷이 마르면 먹줄 친듯 하여 꺾이지 않아 스스로 행한다고 한다.

94 의복 불충법

뱀장어 뼈 마른 것을 옷농 속에 넣으면 좀이 근처에 있지 못한다. 단옷날 산초잎을 따 말려서 옷 상자에 넣으면 없어지고 운대[108] 마른 것을 넣거나 살라 그 냄새를 쐬거나 하면 없어진다. 서화에도 이 방법을 쓴다. 피물과 모의물을 한식 전에 감추면 좀이 없어진다. 쑥과 화초를 사이에 넣어도 벌레가 없어진다. 초피 서피유는 가는 대는 반반한 막대로 경경 무수히 터를 두드리고 볕 보이기를 자주 하여야 털이 빠지지 않는다. 두드리지 않으면 비록 자주 점화하여도 요수를 지내면 털이 빠진다.

108) 운대(蕓薹): 유채, 평지난 풀

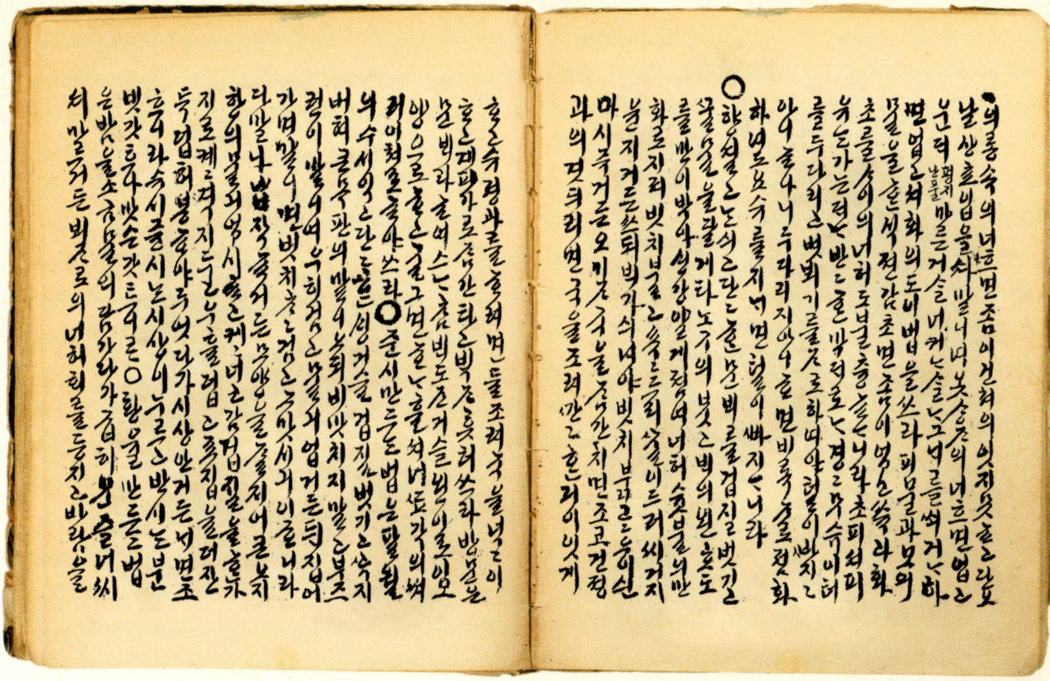

95-1 향설고

향설고는 시고 단단한 문배를 껍질 벗기고, 꿀물을 달게 타서 노구솥에 붓는다. 배에 왼호도[109]를 많이 박아 생강 얇게 저며 넣어 숯불에 약한 불로 지져 빛이 붉고 속속들이 꿀이 들어가 씨까지 윤지거든[110] 쓴다. 배가 시어야 빛이 붉고 곱다. 신 맛이 없어지거든 오미자 국물을 잠깐 치면 좋고, 건정과에 곁들이려면 국물을 조려 깐깐한 게 있게 한다[111].

95-2 수정과

수정과를 하려면 덜 졸여 국물을 넉넉하게 하고, 계피가루를 잠깐 타고 잣을 흩어 쓴다. 방문에는 문배라 하였으나, 참배도 잔 것을 통으로 이 모양으로 하고 굵으면 하나를 3~4조각으로 썰어 이처럼 하여 쓴다.

96 준시 만드는 법

준시(蹲柹) 만드는 법은 8월에 수시[112] 익고 단단한 생것을 껍질 벗기고 꼭지를 따서 큰 목판에 말린다. 비를 맞추지 말고 부지런히 말려 위가 검고 물기가 없

109) 왼호도: 《규합총서》와 《부인필지》의 향설고와 내용이 같다. 왼호도는 왼후추(통후추)의 오기인 듯하다.

110) 씨까지 윤지거든: 속까지 잘 익어 투명해지거든

111) 깐깐한 게 있게 한다: 꿀물을 물기가 없이 졸여 쫀득쫀득한 느낌이 있게 한다.

112) 수시(水柹): 물감, 감의 한 종류

거든 뒤집어 가며 말리면, 빛이 차차 검고 그 맛이 기이하다. 다 말라 납작하거든 모양을 잘 지어서 큰 오지항아리를 물기가 없이 하여 켜켜이 넣고, 감 껍질을 마찬가지로 켜켜이 격지 두고 위를 덮고 초짚을 더 잔뜩 덮어 봉하여 둔다. (저장하여) 두었다가 시상[113]이 앉거든 내면 좋다. 수시 준시는 시상이 누르고, 반시[114]는 분빛 같으나 맛은 같다.

97-1 황율 만드는 법

황율 만드는 법은 밤을 소금물에 담갔다가 급히 문질러 씻는다. 밤이 마르면 베자루에 넣어 해를 등지고 바람을 맞는 곳에 두고 자주 움직여서 발로 간혹 밟아 말리면 썩지 않는다. 그리고 물에 재워 밤새워 급히 문지르면 껍질이 잘 벗겨진다. 밤이나 은행이나 삶을 때 유지(油紙)를 함께 넣어 삶으면 껍질이 잘 벗겨진다.

97-2 밤 굽는 법

밤을 구울 때 그중 하나를 남이 모르게 손에 쥐어 감추고 구우면 모든 밤이 타지 않는다. 굽는 밤마다 눈썹 위에 세 번씩 문질러 구우면 타지 않는다.

97-3 과일 수장법

무릇 모든 실과를 납설수[115]에 담그면 해가 지나도 빛과 맛이 변하지 않는다. 밤송이 속의 가운데 든 밤은 사람을 보익(補益)한다. 생감을 그릇에 넣고 한 접의 살찐 조협[116]을 두 줄기씩 넣고 이틀만하면 다 연시(軟柹)가 된다. 조협은 쥐엄이니 그 잎이나 쥐엄을 쓴다. 생감이 덜 익어 단단한 것을 냉수에 소금 짜게 타 독에 붓고 잠깐 넣어두면 해가 지나도 색깔이 변하지 않는다. 쓸 때에 임박하여 물에 담가 퇴염한다.

98 송이

마른 송이는 진흙물에 담그면 생것 같다.

99 죽순

죽순은 껍질을 벗기고 마디 지어 데쳐 말렸다가 쓸 때 뜨물에 담가 불리면 생것 같다.

113) 시상(柹霜): 곶감 표면에 돋은 하얀 가루

114) 반시(盆柹): 감의 하나이다. 과실은 둥글거나 약간 길쭉하며, 조금 붉은빛을 띤 누런색이다.

115) 납설수(臘雪水): 납일에 내린 눈이 녹은 물이다. 살충과 해독약으로 쓴다.

116) 조협(皁莢): 쥐엄나무의 열매를 말린 한약재이다. 성질이 따뜻하고 맛은 시고 짜며 약간의 독이 있다. 중풍이나 마비의 치료와 가래를 없애는 데 쓴다.

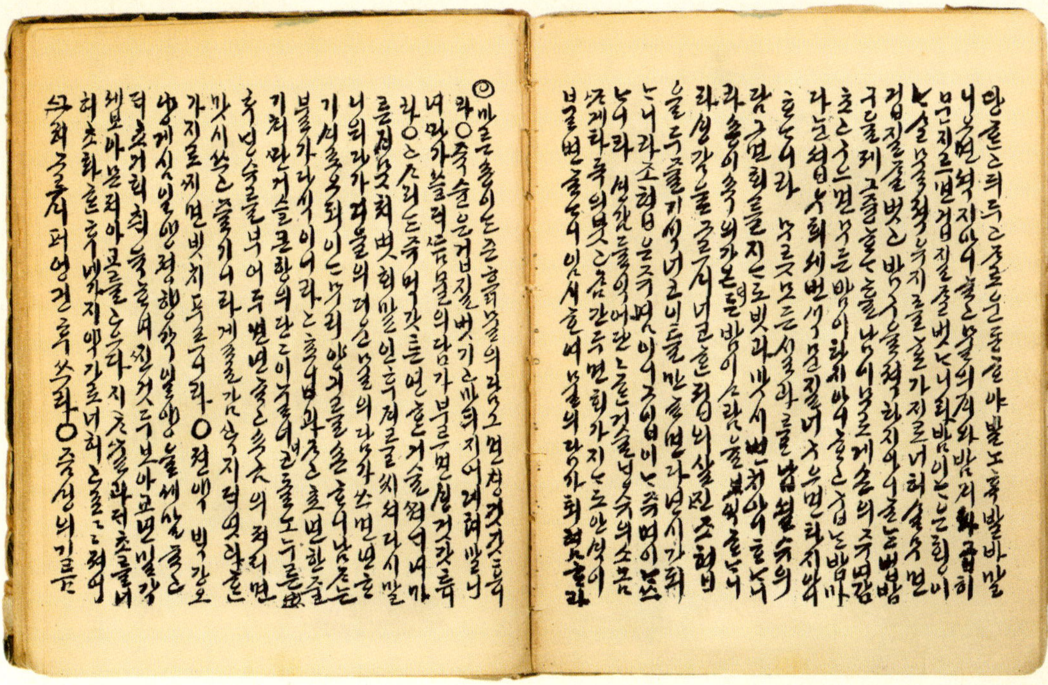

100-1 고사리

고사리는 주먹 같은 연한 것을 쪄내어 마른 재 묻혀 볕에 말린 후에 재를 씻어 다시 말린다. 겨울에 더운 물에 담가 쓰면 다시 연해진다. 하지만 이는 무릇 양기(陽氣)를 감소시키니 남자는 많이 먹으면 안 된다.

100-2 고춧잎

고춧잎과 자고추[117] 달린 연한 줄기 채 딴 것을 큰 항아리에 단단히 눌러 넣는다. 돌로 누른 후 냉수를 부어두면 연하고 소금에 절이면 맛이 쓰고 질기다.

100-3 게 찌는 법

게는 감꼭지 5~6개와 함께 찌면 빛이 푸르다.

101 전약

전약 백강 5냥, 계심[118] 1냥, 정향 각 1냥[119]을 곱게 가루 내고, 대추는 씨를 빼고 살을 발라 찐 것 2보아, 아교(阿膠)와 연밀(軟蜜) 각 3보아, 먼저 아교를 고다

117) 자고추: 새끼 고추

118) 계심(桂心): 계피의 겉껍질을 벗긴 속의 노란 부분이다. 심복통(心腹痛), 이질, 설사, 월경 불순 따위에 약재로 쓴다.

119) 《규합총서》에는 정향과 후추 각 1냥으로 기록되어 있다.

가 지차[120] 꿀과 대추를 넣어 조화한 후 4가지 약 가루를 넣어 고루고루 저어 끓여 그릇에 퍼 엉긴 후에 쓴다.

120) 지차: 그 다음에

121) 방고래: 방의 구들장 밑으로 나 있는, 불길과 연기가 통하여 나가는 길

102 짐승 기름과 피마자 기름

짐승 기름과 피마자 기름은 다 눈에 해롭다.

103 등잔불 밝히는 법

심지에 기름을 묻혀 등잔에 먼저 놓고 기름은 삼분의 이가 되거든 물을 일분만 붓고 기름을 치고 소금을 조금 넣으면 기름이 수면에 떠 닳기를 더디하고 또 불이 밝다. 비록 들기름이라도 이 법대로 하고 생강을 등잔에 문지르면 냄새와 그름이 없어진다.

104 등 심지 만드는 법

입춘 전일에 등심을 물에 잠깐 담갔다가 말려 여름에 등심을 하면 날짐승이 오지 않고 다묵물에 등심을 달여 말려 심지를 하면 잘 닳지 않는다. 2월 초 2일이나 청명일이나 이 줄기를 캐어 심도 도개하면 불나비와 하루살이가 들지 않는다.

105-1 방구들 놓는 법(1)

방구들 돌을 놓을 때 회를 발라 고래[121]를 싸면 썩지 않는다. 방이 특별히 더운데 이는 회가 인화 물질이기 때문에 누기가 올라오지 못하기 때문이다. 방고래 밑을 아랫묵은 사라 서게 깊이 하고 차차 높여야 염상화이기 때문에 불이 잘 들어 덥다. 방바닥 사벽 말고 흙만 고르게 칠하여 마르거든 은행잎이 무성할 때에 여섯 섬을 따 큰 절구에 찧어 줄기 가려내고 잡것 없이 연활하게 하여 방바닥 위에 한 치 높이를 깔고 닿아 단단히 고르게 편 후에 위를 사벽 쓰듯 반반히 하고 불 때어 겨루면 빛은 황녹색이고 미끄럽고 견고하기 장판보다 훨씬 낫고 틈 없이 영영 상하지 않는다.

105-2 방구들 놓는 법(2)

또 다른 한 방법은 솔나무 껍질을 가루 내어 가늘게 쳐 수수가루로 된 풀을 쑤어 솔가루를 섞어 방바닥에 깔고 겨루기를 행엽 법대로 하면 호박색 같고

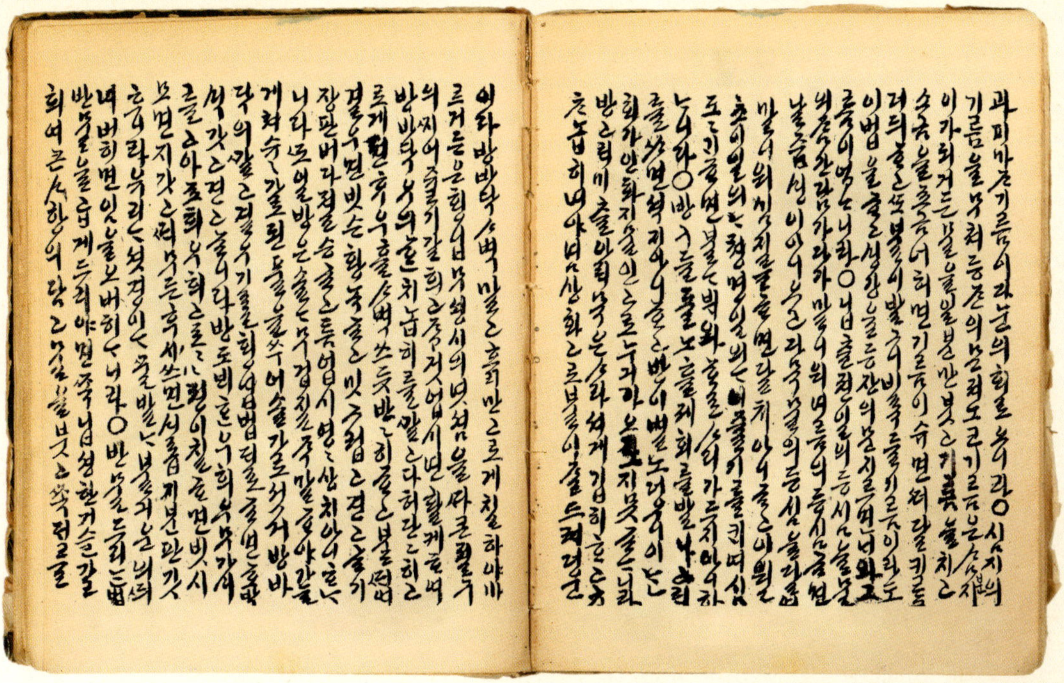

견고하다.

105-3 방 도배하는 법

방을 도배한 위에 우뭇가사리를 고아 종이 위에 고루고루 깨끗하게 칠하면 빛이 모면지 같고 때 묻은 후에 쓰면 새롭기 분판 같다. 유리나 석경이나 꿀을 발라 불기운에 쬐어 베면 임의로 벤다.

106 반물 들이는 법

반물을 곱게 들이려면 면 쪽 잎이 성한 것을 골라서 사기 항아리에 담고 물을 붓고 쪽대를 씻어 위를 덮고 돌로 눌러 둔다. 이튿날 넣었던 때에 내어 물을 쏟으면 청색이 약간 있을 것이니 그 전에 병아대 잿물을 내려 두었다가 쪽 담아 우린 물에 치고 삼대를 좌수에 잡아 젓는다. 그러면 경객의 푸른 꽃 거품이 일 것이니 그때에 모시와 무명을 들이면 곱기가 청대 반물보다 훨씬 낫다. 그 물은 다만 일야 정숙 후 들여야 하고 오래 두지 못하기 때문에 오직 쪽이 쓸 만하다.

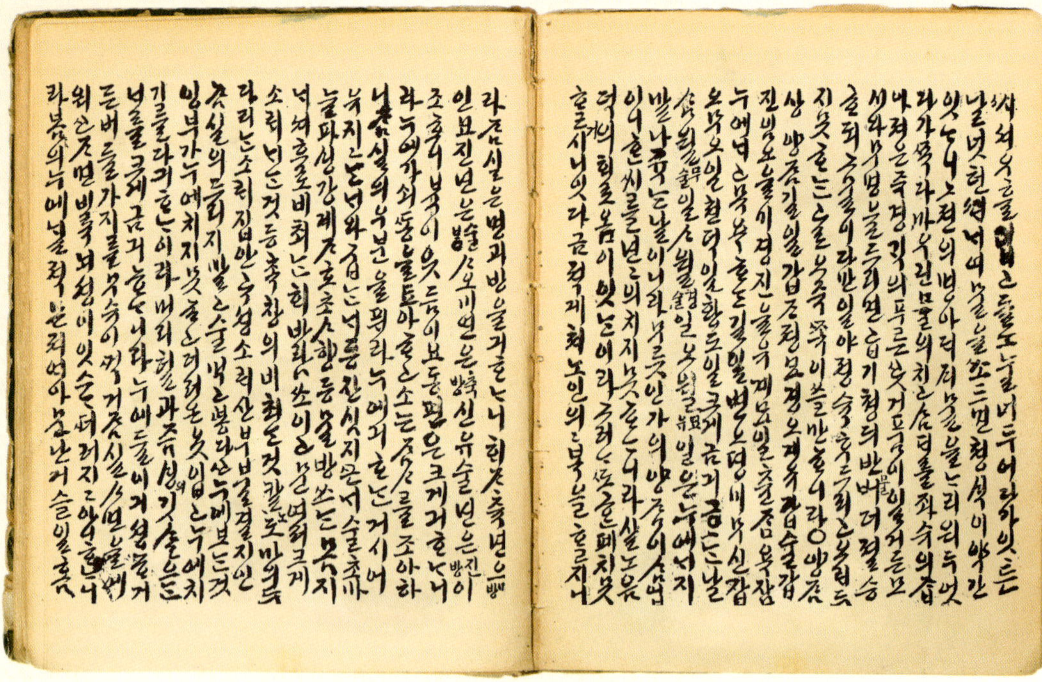

107 양잠상

양잠길일 갑자, 경묘, 경오, 계유, 갑술, 갑진, 병오, 을미, 경진, 을유, 계묘일, 춘잠, 욕잠에 누에 낸다. 목욕하는 길일로는 병오, 정미, 무신, 갑오, 무오일, 천덕일, 황도일이 있다. 크게 금기 금단날, 삼월(무술)일 사월(경술)일 오월(묘유)일에는 누에를 내지 않는다. 죽는 날이다. 무릇 인가의 양잠이 삼업이니 한 씨를 연연이 치지 못한다. 실로 음덕의 해로움이 있다. 그러나 또한 폐하지는 못할 것이다. 이따금 적게 쳐 노인의 의복을 할 것이다. 잠실은 명과 방을 피한다. 해자 축년은 (비방)인묘 진년은(술방) 사오미연은(축방) 신유술년은(진방)이 좋다. 북쪽이 으뜸이고 동편은 크게 피한다. 누에가 쇠똥을 좋아하고 소는 잠사를 좋아하니 잠실의 우분을 푼다. 누에가 피하는 것이 어유 지지는 냄새와 굽는 냄새, 등잔 심지 끈 냄새, 술, 초, 마늘, 파, 생강, 겨자, 후추, 사향 등 물, 방쓰는 몸 지내 서쪽으로 비추는 해, 바람 쏘이고 문 열어 크게 소리 내는 것, 등촉창의 비추는 것, 칼로 도마를 두드리는 소리, 집안 곡성 소리, 산부 불결지인을 잠실에 들이지 말고, 술 먹고 뽕 따고, 누에 보는 것, 임부가 누에 치지 못하고, 더러운 옷을 입고 누에 치는 것을 다 피한다. 머리털과 짐승의 깃을 사르는 냄새를 크게 금기한다. 누에들이 기성하거든 버들가지를 무수히 꺾어 잠실 사

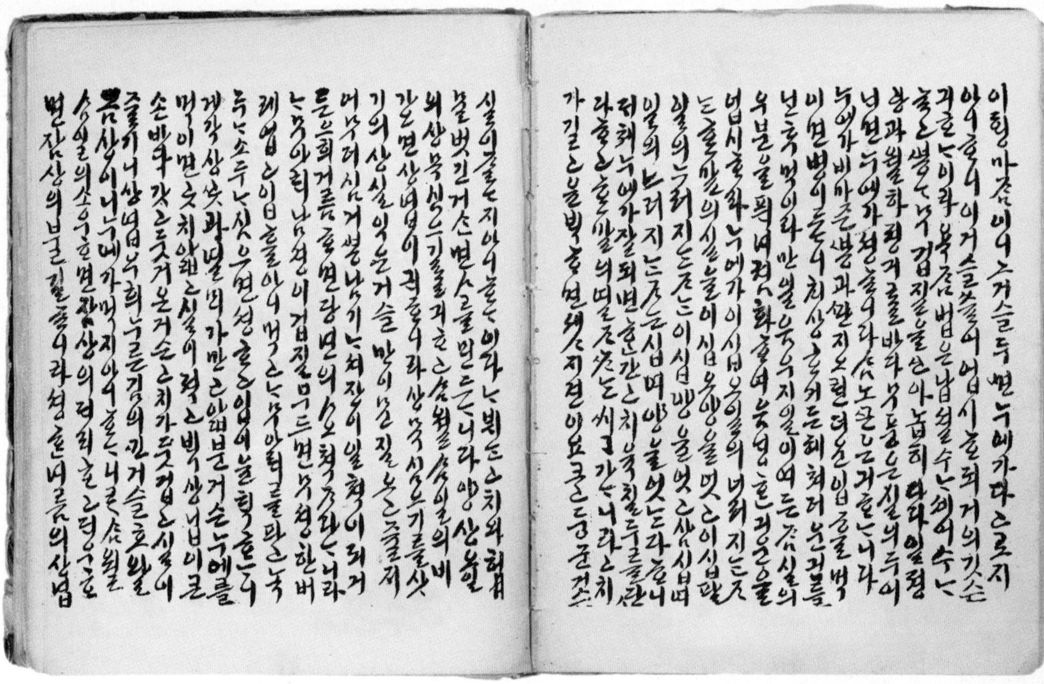

면을 에워 꽂으면 비록 뇌성이 있으나 떨어지지 않는다. 봄에 누에 낼 때에 먼저 10개 남짓 난 것을 일홈이 행마잠이니 그 것을 두면 누에가 다 고르지 않으니 이 것을 쓸어 없애되 거의 깃은 피한다.

욕잠법은 납설수나 세어수나 하고 뽕나무 껍질을 꼬아 높이 달아 일정한 광과 월하의 정기를 받아 무풍은실에 두었다가 내면 누에가 성하다. 삼노끈은 피한다. 누에가 비 맞은 뽕과 딴 지 오랜 따뜻한 잎을 먹으면 병이 든다. 막 상하였거든 헤쳐 더운 기운을 낸 후에 먹인다. 만일 음우지일이거든 잠실에 우분을 퍼 점화하여 음랭한 기운을 없게 한다. 누에가 25일에 널어지는 자는 한 말의 실을 25냥을 얻고 28일의 늘어지는 자는 20냥을 얻고 30여 일에 늘어지는 자는 10여 냥을 얻는다고 하니 대체로 누에가 잘 되면 한간 고치 육칠 두를 딴다고 하고 한말에 열자 짜는 씨가 간다. 고치가 길고 윤백하면 세사지견이고 크고 둥근 것은 실이 잘 나지 않는다. 나비는 고치와 허물을 벗긴 것은 면사를 만든다.

양상오일의 상목 심기를 피하고 3월 3일에 비가 오면 상엽이 귀하다. 상목 심기를 새끼의 상실 익은 것을 많이 문지르고 줄지어 묻고 심어 뽕나무가 나서 크기가 일척이 되거든 위에 거름 하면 당연히 4~5척 자란다. 나무 아래 남경에 껍질이 묻으면 무성한 벌레가 없고 잎을 먹지 않으며 나무 아래를 파고 녹두나 소두를 심으면 성하고 잎이 윤택하다. 계각 상꽃과 열매가 많고 얇은 것은 누에를 먹이면 고치 얇고 실이 적다. 백상 잎이 큰 손바닥 같고 두꺼운 것은 고치가 두껍고 실이 질기다. 상엽 위에 누른 김이 낀 것을 부르기를 금상이라고 하니 누에가 먹지 않는다. 3월 3일에 소우하면 잠상에 크게 이익이 있고 대우하면 잠상에 불길하다. 성한 여름에 상엽을 많이 따 말려서 섬에 넣어 두었다가 만일 다음 봄에 누에가 일찍 나고 절기가 늦어 상엽이 미쳐 못 피었거든 가루 내어 물을 축여 먹이면 좋다.

108-1 의복 먹물 빼는 법

의복에 먹 묻은 데는 물을 입에 물고 쇳자루 칼을 입에 물고 입에 문 물을 흘려서 먹 묻은 곳으로 조금씩 흘리면서 빨면 그 먹 흔적이 없어진다.

108-2 의복 쇳물 빼는 법

옷에 쇳물 든 데는 오미자 물을 진하게 하여 그 묻은 데만 담가 하룻밤만 두면 빠진다. 또 볕에 놓고 오미자국을 마르는 대로 여러 번 바르면 없어진다. 또 다른 한 법은 빗물에 술지거미를 타 빨면 없어진다. 또 다른 한 법은 활석가루나 메밀가루를 놓고 인두로 다리면 빠진다.

108-3 의복 곰팡이 없애는 법

곰팡이 앉은 것은 동아나 은행이나 마늘을 강판에 갈아 묻은 데 놓아가며 비비면 빠진다.

108-4 의복 과실물 빼는 법

옷에 실과 물 든 데는 약자의 초과를 껍질 벗겨 가루 내어 그 묻은 데 물 묻히고 놓아 비비면 신통이 잘 빠진다.

108-5 의복 핏물 빼는 법

피 묻은 데는 냉수로 빨면 빠진다.

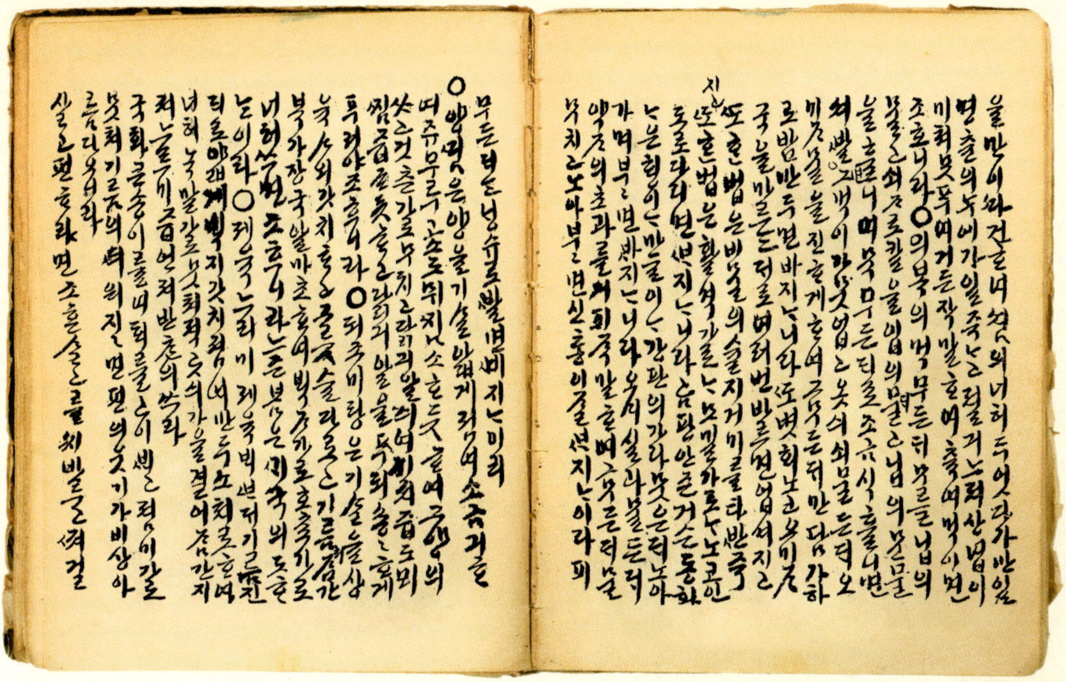

109 양찜

양깃머리를 얇게 저며 소금을 넣어서 주무른다. 소는 미찜[122]의 소를 하듯이 하여 그 양을 싼다. 겉은 가루를 묻히고, 달걀을 씌워 지져 즙도 해삼찜 즙 하듯 하고, 달걀을 풀되 송송[123]하게 풀어야 좋다.

110 되조미탕

살을 상육[124] 사외[125]같이 하고 그릇을 달구어 기름을 쳐서 살짝 볶아 장국을 알맞게 하여 잣가루와 후춧가루를 넣어 쓰면 좋다. 늦은 봄에는 깻국에도 한다.

111-1 제육느르미

돼지고기의 뼈를 빼되 기름진 대로 얇게 백지같이 저미고, 만두소처럼 하여 넣어 녹말가루를 묻혀 적 꼬치로 가장자리를 꿰어 살짝 지지고 느르미즙을 얹어 반찬에 쓴다.

122) 미찜: 해삼찜

123) 송송: 작은 구멍이나 자국이 많이 나 있는 모양

124) 상육(上肉): 쇠고기의 안심과 등심

125) 사외: 깊이, 단단히

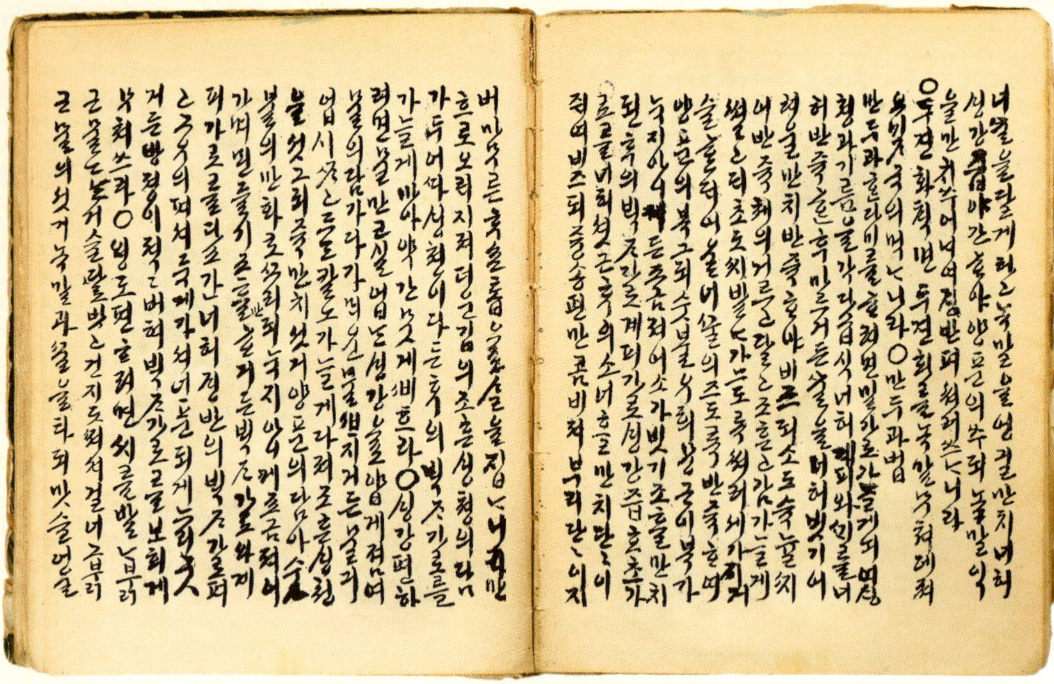

111-2 국화전

국화 큰 송이의 여회[126]를 고이 빼고, 찹쌀가루를 묻혀 기름에 띄워 지진다. 편의 웃기로 쓰면 비상하고 아름답다.

126) 여회: 꽃술

127) 다미: 더미, 많은 물건이 한 데 모여 쌓인 큰 덩어리

111-3 살구편

살구편을 하려면 좋은 살구의 씨를 바르고, 찧어서 걸러 꿀을 달게 탄다. 녹말을 엉길 만큼 넣고, 생강즙을 약간 쳐서 양푼에 쑤되 녹말이 익을 만큼 쑤어내어 쟁반에 펴서 썰어 쓴다.

112 두견화책면

두견화를 녹말에 묻혀 데쳐 오미자국물에 (띄워) 먹는다.

113 만두과법

만두과 1다미[127]를 하려면 밀가루를 가늘게 내어 꿀과 기름을 각 5홉씩 넣어 계피와 깨를 넣어 반죽한다. 그런 후에 마르거든 꿀을 넣어 빚기 어려운 만큼

반죽하여 빚는다. 소는 숙율을 찧어 체에 거르고, 달고 좋은 곶감을 가늘게 썰고 대추도 씨를 발라 가늘게 썬다. 이 3가지의 재료를 한데 어울려 꿀에 질도록 반죽하여 양푼에 볶는다. 볶을 때 숯불 위에서 뭉근히 볶아 눅지 않거든 조금 저어 소가 빚기 좋을 만큼 되게 한다. 잣가루, 계피가루, 생강즙, 후춧가루를 넣어 섞은 후에 소를 넣을 만큼 단단히 쥐어 빚는다. 빚을 때 중 송편만큼 빚어 부리를 단단히 집어 마무리 한 후에 손톱으로 살을 집는다. 아주 약한 불로 오래 지져 더운 상태로 좋은 생청에 담가 두었다가 생청이 다 든 후에 잣가루를 가늘게 빻아 약간 묻을 만큼 뿌린다.

114 생강편

물 많고 실이 없는 생강으로 얇게 저며 물에 담가서 매운 물이 빠지거든 물기 없이 짠다. 그리고 잘 드는 칼로 가늘게 다져 좋은 생청을 섞되 죽만큼 섞어 양푼에 담아 숯불에 아주 약한 불로 끓인다. 끓일 때 눅지 않게 조금 저어가며 끓이다가 만들기 좋을 만하거든 잣가루와 계피가루를 다소간 넣어 쟁반에 잣가루 펴고 그 위에 그것을 펴서 두께가 3~4푼이 되게 늘려 굳게 한다. 굳거든 방정히 쩍쩍 베어 잣가루를 보이게 묻혀 쓴다.

115 앵두편

앵두씨를 발라 붉은 물이 나는 것을 따로 받아둔다. 앵두 건지는 쪄서 걸러 그 붉은 물과 섞는다. 녹말과 꿀을 타되 맛을 어울리게 하여 풀 쑤듯 쑨다. 식혀 보아가며 하여서 식혀서 칼로 벤다.

116 증편

좋은 백미(白米)를 옥같이 도정하여 여러 번 씻어 물에 담가 밤새 재워 건져낸 후 냉수를 끼얹어 가루 내고 깁체에 친다. 물을 고부지게 끓여서 된 송편만큼 반죽한다. 냉수에 탁주를 약간 쳐 술맛 있게 탄다. 반죽 가운데를 헤치고 5되를 하려면 참기름 1푼 정도 넉넉히 치고 망울 없이 다시 풀어가며 맛을 본다. 맛이 시큼하여 술 맛이 현연하고[128] 손으로 갠 것을 집어 들었을 때 천천히 떨어지거든 그제야 유지와 보자기를 싸매어 따스하고 잔풍[129] 한 방에 놓아둔다.

기주가 일어나거든 꿀팥 속에 계피, 건강(乾薑), 후춧가루를 넣어 축축하게 볶아 소를 쥐기 좋을 만큼 볶아 갸름갸름 많이 만들어 놓는다. 안칠 때에 체에

128) 현연하다(顯然--): 분명하게 나타나거나 알려지는 정도가 뚜렷하다.

129) 잔풍(潺風): 바람이 약한

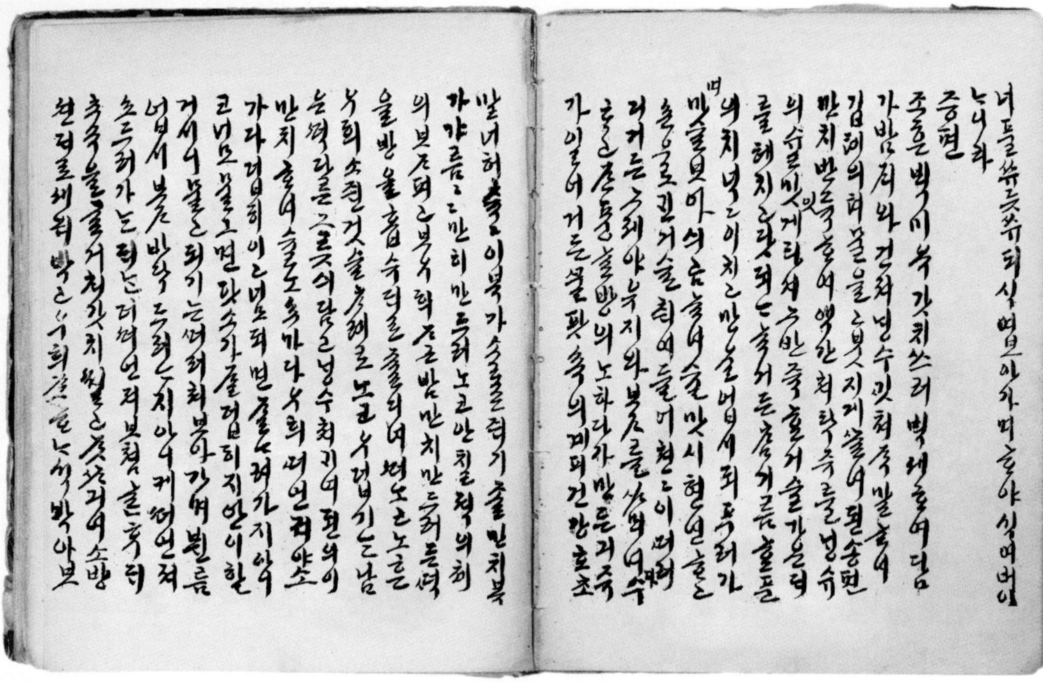

보자기를 펴고 보자기 위에 작은 밤만큼 만들어 둔 떡을 방울을 홉 수대로 줄 지어 떠 놓는다. 놓은 위에 소 쥔 것을 차례로 놓고 위를 덮고 남은 떡을 다른 그릇에 담고 냉수 쳐 개어 된 의이만큼 하여 숟가락으로 소마다 위에 떠 얹어야 소가 다 덮인다. 너무 되면 잘 내려가지 않고 너무 묽으면 팥소가 잘 덮이지 않을 것이니 묽고 되기는 떨어 쳐 보아가며 빈틈없이 보자기 바닥이 들어나지 않게 떠 얹어 소 들어가는 데는 더 떠 얹어 보첨한다[130]. 대추 속을 긁어 채같이 썰고 잣 쪼개어 소방선대로 세워 박고 위에 잣을 하나씩 박아 보자기로 떡을 닿지 않게 덮는다. 대추 빛이 검도록 익게 쪄내어 냉수를 약간 끼얹거나 말거나 하여 참기름을 발라 베어 쓴다.

기주로 쓰이는 술이 저자에서 파는 탁주는 좋지 못하다. 증편하려면 이틀 전에 미리 흰밥 1되나 7홉이나 지어 식거든 좋은 누룩에 버무려 넣었다가 맛이 달콤하고 조금 쓴 맛이 있거든 걸러서 하면 쉽게 되고 맛이 좋다. 기주 버무린 그릇이 곯게[131] 하여야 좋고, 흔히 저녁에 하였다가 새벽쯤 봐서 그릇이 두어 치 정도를 나왔거든 그때가 못 되어 서늘한 데 내어 놓았다가 안쳐도 좋고, 기름을 쳐도 좋다.

130) 보첨한다: 보충하여 덧붙이다.

131) 곯게: 담긴 것이 그릇에 가득 차지 아니하고 조금 비게

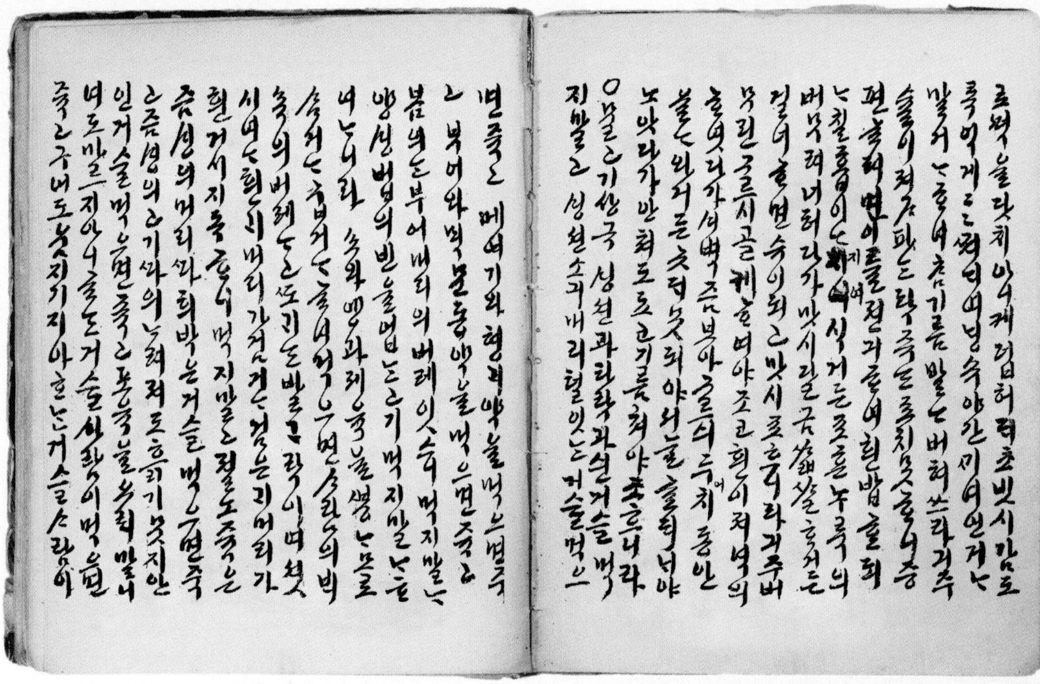

117-1 물고기 상극

생선과 타락과 신 것을 먹지 않는다. 생선 속에 머리털이 있는 것을 먹으면 죽는다. 그리고 메기와 형개약[132]을 먹으면 죽는다. 붕어와 맥문동약[133]을 먹으면 죽는다. 봄에는 붕어 머리에 벌레가 들어 있으니 먹으면 안 된다. 양생법에서 비늘 없는 고기는 먹지 말라고 하였다.

117-2 상극

소와 양과 돼지고기를 뽕나무로 삶거나 굽거나 하여 먹으면 사람의 뱃속에 벌레가 난다.

또 개는 발가락이 여섯이거나 흰 개 머리가 검거나 검은 개 머리가 흰 것은 지독하니 먹지 않는다.

저절로 죽은 짐승의 머리가 땅에 박은 것을 먹으면 죽고, 짐승의 고기가 땅에 떨어져도 흙이 묻지 않은 것을 먹으면 죽는다. 포육을 오래 말려도 마르지 않는 것을 사람이 먹으면 죽는다. 구워도 움직이지 않는 것을 사람이 먹지 않는다. 고기 가운데 준두[134] 같은 점이 있는 것을 먹으면 안 된다. 탁주를 먹고 쇠

132) 형개(荊芥): 정가의 잎과 줄기이다. 감기나 두통을 다스리고 피를 깨끗이 하므로 산후(産後)에 흔히 쓰인다.

133) 맥문동(麥門冬): 소엽맥문동의 뿌리이다. 성질은 차고 맛은 달고 약간 쓰다. 마른기침, 열이 나고 답답한 데, 강장제(强壯劑) 따위로 쓴다.

134) 준두(準頭): 코의 끝

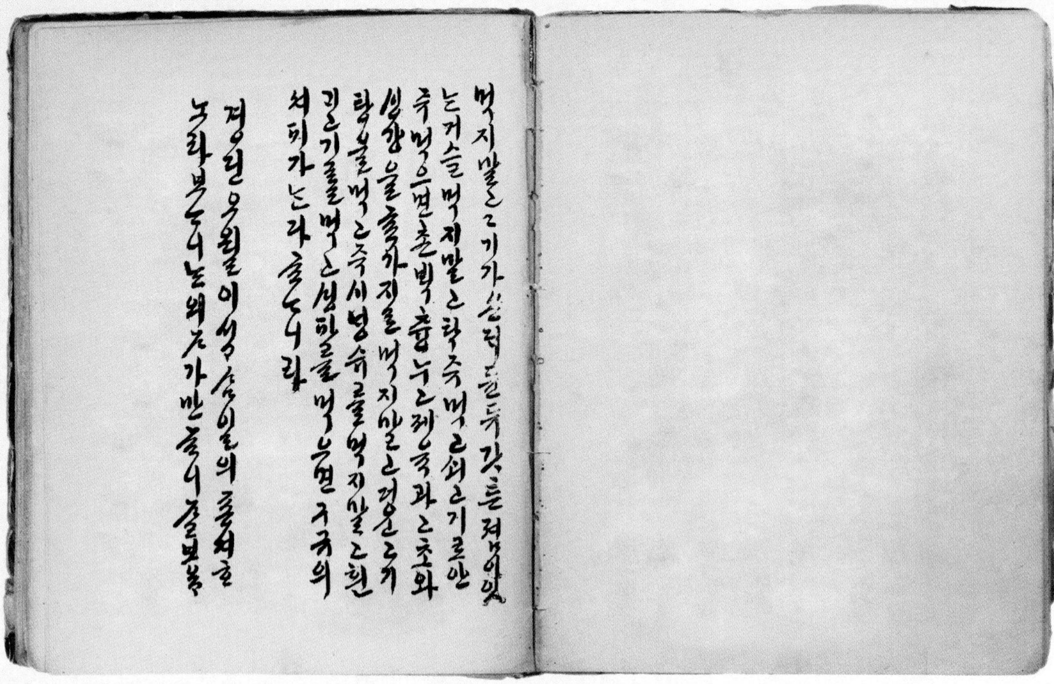

고기를 안주로 먹으면 촌백충(寸白蟲)을 누고, 돼지고기와 고추와 생강을 함께 먹지 않는다. 더운 고기탕을 먹고 즉시 냉수를 먹으면 안 된다. 흰 개고기를 먹고 생파를 먹으면 구규[135]에서 피가 난다고 한다.

경진(庚辰, 1880) 5월 23일에 쓰기를 마치다. 틀린 자가 많으니 잘 살펴서 보길 바란다.

135) 구규(九竅): 눈·코·입·귀의 일곱 구멍과 똥·오줌 구멍을 합(合)하여 모두 9구멍을 일컫는다.

번역 작업 일러두기

음식명은 고유명사이므로 원문의 표기법을 그대로 살렸으나(예: 신검채산적, 동화선 등), 본문의 번역문은 현대어로 바꾸거나 표준어로 편역하였다. 그 예는 아래와 같다.

원문	번역
거피ᄒᆞ고	껍질 벗기고
ᄌᆞᆨ말ᄒᆞ여	가루 내어
쓿어	도정하여
셰말ᄒᆞ여	곱게 가루 내어
가늘게(편포, 약포)	곱게
한가지로	함께
두드려	다져
함담 맞추어	간을 맞추어
왼이로	통째로
사탕수	설탕물
사탕	설탕
왼깨	통깨
진유	참기름
황육	쇠고기
제육	돼지고기
생치	꿩고기
지령	간장
동화	동아
점미	찹쌀
진말	밀가루
백청, 생청	꿀
백자	잣
신감채	승검초
나무새	나물

부록

음식방문의 조리학적 고찰

서론

음식은 식품의 생산, 활용, 조리법, 조리자뿐만 아니라 식사예법, 의례나 풍속 등의 사회적인 요소와도 맥락을 같이한다. 따라서 음식은 당시의 역사와 정신세계를 반영하여 탄생하는 문화현상이다. 그러므로 특정 지역이나 민족의 음식문화를 통해 그 시대와 지역의 사상과 문화를 예측할 수 있다.

조선은 모든 사람이 자신의 명분과 본분을 지키며 살 때 그 사회가 조화와 균형을 이룬다는 성리학적 명분론이 지배했던 사회였다. 예(禮)를 제일의 덕목으로 삼는 성리학적 이념은 어김없이 밥상에도 적용되었다. 그러므로 정성껏 만든 귀한 음식으로 예를 갖추어 손님을 대접하는 빈례(賓禮)문화는 두 말하면 잔소리요, 돌아가신 조상님을 위한 봉제사(奉祭祀) 또한 소홀히 할 수 없는 것이었다.

당연히 조선시대 사대부가의 안주인은 집안의 모든 대소사를 완전히 파악하고 진두지휘해야 했다. 음식을 만드는 것은 물론, 술을 빚고, 장을 담그는 모든 것은 아녀자의 솜씨 이전 한 집안의 평안을 나타내는 것이므로 어느 것도 소홀할 수 없었다. 이러한 이유는 고조리서들의 탄생배경이 되었다.

본서는 아직 수록된 내용이 자세히 밝혀지지 않은 1800년대 후반에 저술된 것으로 추정되는 《음식방문》(정영혜 씨 소장)에 대한 고찰이다. '음식방문(飮食方文)'은 말 그대로 음식을 하는 법을 기록한 책이다. 그렇다고 음식에 대한 내용만 있는 것은 아니다. 의식주 전반에 대해 규방(閨房)에서 꼭 알아야 할 살림에 대한 전문지식과 지혜를 기록한 책이다. 현재 같은 이름으로 전해지는 책은 세 가지가 있다. 하나는 본서에서 다루고자 하는 정영혜 씨가 소장하던 것이고, 다른 하나는 안동김씨 가문에서 내려오는 것이다. 이 둘은 장서각에 마이크로필름으로 전해지고 있고, 또 다른 하나는 동국대에 소장되어 있다.

필자는 한중학중앙연구원의 장서각에서 《음식방문》과 처음 접하게 되었다. 안동김씨 가문에서 내려오는 《음식방문》은 앞부분은 사라지고 동치미, 붕어찜, 게찜, 아저찜, 연사과, 밤주악, 산사편, 앵두편 등의 조리법 일부분만 남아 있다. 정영혜 씨가 소장하고 있는 《음식방문》은 《술방문》과 함께 세트를 이루고 있는데, 《음식방문》에는 주조법에 대한 기록은 하나도 없고, 《술방문》은 주조법과 함께 강정, 약과, 별약과, 약식, 두죽, 진자죽, 두텁떡, 대추주악, 화전, 송편, 화면에 대한 기록이 있다. 동춘당(同春堂) 송준길(宋浚吉) 가문에 전해지는 음식이 주를 이루는 《주식시의》와 주조법만이 기록된

본고는 〈한국식품조리과학회지〉 30권 1호(2014)에 발표된 내용이다.

《우음제방(禹飮諸方)》이 전하는 것을 보면 그 형식이 유사하다. 《주식시의》에는 12종의 주조법이 기록되어 있고, 《술방문》에는 11종의 음식 만드는 법이 기록되어 있다.

먼저 한글고어를 연구하는 국어학자들과 원문 읽기를 하여 현대어로 번역하였고, 그 내용을 바탕으로 조리학적으로 분석을 시도하였다. 내용의 대부분이 《규합총서》와 유사하여 문맥상 이해가 되지 않는 것은 조선후기의 조리서인 《규합총서》(정양완 편역, 1987), 《임원십육지》 정조지(이효지 등 편역, 2007), 《주식시의》(Cha GH, 2012), 《이씨음식법(飮食法)》, 《시의전서》(이효지 등 편역, 2004), 《부인필지》(이효지 등 편역, 2010) 등과 비교 고찰하였다. 또 본문에서 내용이 누락되어 있거나, 글씨를 알아볼 수 없거나 해석이 모호한 부분을 보충하였다. 《음식방문》은 식생활에 대한 기록뿐만 아니라 의생활과 주생활에 대한 부분도 일부 실려 있지만, 식생활기록을 중심으로 음식의 조리법이나 식재료의 변화 양상을 고찰하였다.

음식방문의 내용

1. 해제

《음식방문》은 작자 미상의 한글로 쓰인 고조리서이다. 책의 마지막에 '병진 오월 이십삼'이라 기록되어 있다. 병진(丙辰)이면 1820년, 1880년, 1940년인데 《규합총서》에 많은 부분을 근거하고 있으므로 1820년으로 보긴 어렵다. 또 1940년이면 《조선무쌍신식요리제법》이나 《간편조선요리제법》보다 늦게 되는데 음식의 내용이나, 무엇보다 필사된 한글의 형태가 맞질 않는다. 그러므로 필사연대는 1880년경으로 일 것으로 추정된다. 현재 한국학중앙연구원 장서각에 마이크로필름이 소장되어 있다. 《음식방문》은 성남시 분당구 서현동에 거주하던 정영혜 씨가 시어머니로부터 물려받아 소장하던 책을 1998년 한국학중앙연구원에서 촬영한 것이다. 정영혜 씨가 소장한 조리서는 《음식방문》과 《술방문》 두 권이었다. 《음식방문》은 21×20cm 크기에 36장으로 이루어져 있다. 한 페이지 당 14~17행, 1행은 15자 내외로 쓰여 있다.

각론은 'ㅇ'을 첫머리에 붙이고 서술형으로 쓰여 있다. 혼돈병으로 시작되는데 '갓치 보ᄌᆞ 쌀고 쑬 팟싀 계피 호쵸말 알맛치 너허…'로 시작되어 앞부분의 기록이 일부 누락되어 있다. 따라서 원래는 더 많은 음식의 조리법이 수록되어 있었는데 일부 유실되고 후에 다시 제본한 것으로 추정된다.

책의 순서는 80여 종의 음식을 만드는 법과 조리 시 유의사항을 기술하고 나서, 10

표 1 음식방문의 목차

목차			
1. 혼돈병	33. 화돈(복어탕)	66. 참새고기	95-1. 향설고
2. 토란병	34. 추포	67. 송이찜	95-2. 수정과
3. 감저병	35. 농어	68. 죽순채	96. 준시 만드는 법
4. 잡과병	36. 문어	69. 신검채	97-1. 황율 만드는 법
5. 석이병(석이단자)	37. 민어	70. 임자좌반	97-2. 밤 굽는 법
6. 복령조화고	38. 메기	71-1. 다시마튀각	97-3. 과일 수장법
7. 백설고	39-1. 전복침채	71-2. 파래·감태자반	98. 송이
8. 권전병(송풍병)	39-2. 전복다식	71-3. 미역자반	99. 죽순
9. 유자단자	40. 왕배탕(자라탕)	72. 동화선	100-1. 고사리
10. 원소병	41. 위어회	73-1. 동치미	100-2. 고춧잎
11. 승검초단자	42. 게젓	73-2. 생치김치	100-3 게 찌는 법
12. 석탄병	43. 염해법	73-3. 냉면	101. 전약
13. 진주좌반	44. 게 굽는 법	74. 동아석박지	102. 짐승 기름과 피마자 기름
14. 편포	45. 게찜	75-1. 장김치(1)	103. 등잔불 밝히는 법
15. 약포	46. 청어젓	75-2. 장김치(2)	104. 등 심지 만드는 법
16. 포육 말리는 법	47. 설하멱	76. 섞박지	105-1. 방구들 놓는 법(1)
17. 썩은 고기 삶는 법	48. 고기 굽는 법	77-1. 고추장(1)	105-2. 방구들 놓는 법(2)
18. 삼합미음	49. 생치구이	77-2. 고추장(2)	105-3. 방 도배하는 법
19. 변씨만두	50-1. 봉총찜	78. 장 담는 길일	106. 반물 드리는 법
20. 율무의이	50-2. 봉총구이	79. 청태장	107. 양잠상
21. 갈분의이	51. 열구자탕	80. 급히 청장 담는 법	108-1. 의복 먹물 빼는 법
22. 호도죽	52. 승기악탕	81-1. 초 빚는 길일	108-2. 의복 쇳물 빼는 법
23-1. 매화차	53. 완자탕	81-2. 사절초	108-3. 의복 곰팡이 없애는 법
23-2. 국화차	54. 족편	82-1. 식초(1)	108-4. 의복 과실물 빼는 법
24. 포도차	55-1. 증돈법	82-2. 식초(2)	108-5. 의복 핏물 빼는 법
25. 생선 끓이고 지지는 법	55-2. 돼지새끼집찜	83. 연안식해	109. 양찜
25-1. 잉어 끓이는 법	55-3. 아저찜	84. 과일의 독	110. 되조미탕
25-2. 분골니어법	56. 제육구이	85. 잇물 들이는 법	111-1. 제육느르미
25-3. 즉어	57. 증구법(烝狗法)	86. 지초 들이는 법	111-2. 국화전
25-4. 붕어 굽는 법	58. 개고기	87. 회색(잿빛) 들이는 법	111-3. 살구편
26. 생선 씻는 법	59. 사슴고기	88. 타색 들이는 법	112. 두견화책면
27. 어물 지지는 법	60. 양고기	89. 도침법	113. 만두과법
28. 생선 굽는 법	61. 돼지고기	90. 옥색 들이는 법	114. 생강편
29. 준치 뼈 없이 하는 법	62. 오골계	91. 보라색 들이는 법	115. 앵두편
30. 생선찜(붕어찜)	63. 칠향계	92. 모시 풀 먹이는 법	116. 증편
31. 석수어 끓이는 법	64. 닭	93. 세의법	117-1. 물고기 상극
32. 금린어	65. 메추리찜	94. 의복 불충법	117-2. 상극

종의 염색하는 법과 세탁법이 기록되었다. 그리고 다시 음식에 관한 기록이 있고, 등불을 밝히는 법과 방구들을 놓는 법, 의복의 얼룩을 제거하는 법 등이 기록되고, 또 다시 음식에 관한 기록이 있고, 책이 마무리 된다. 따라서 음식 부분은 세 부분으로 나뉘어 있었다. 그러나 문장의 단락이 나뉘어져 있지 않고, 글씨체는 한 사람이 쓴 것으로 판단되어 계속 덧붙여 기록한 것으로 생각된다. 책의 가장 뒷부분엔 '경딘 오월 이십습일의 죵셔ᄒᆞ노라 보ᄂᆞ니는 외ᄌᆞ가 만ᄒᆞ니 즐 보옵"이라 하여 필사하는 중에 틀린 글자가 있을 수 있으니 보는 사람이 새겨보라 당부하고 있다. 그리고 마지막에 경기도, 전라도, 경상도, 황해도, 함경도, 강원도, 충청도 지역의 각 관할 지명이 기록되어 있었다.

《음식방문》에 기록된 순서는 표 1과 같다. 원문에는 제목이 구분되어 있지 않으나, 필자가 내용을 읽고 편의상 제목을 달아 목록을 만들었다.

2. 내용 분석

《음식방문》에 기록된 내용을 분류하면 표 2와 같다. 음식을 만드는 방법을 포함한 식생활 관련 기록이 주를 이루며, 의생활과 주생활에 대한 기록을 포함하여 총 144종의 규방생활에 필수적인 내용이 기록된 책이다. 식생활 부분에서는 음식을 만드는 법이 총 94종이었는데, 이 중 고추장과 식초는 각각 2가지의 법이 기록되어 있었다. 그리고 식품을 가공하고 저장하는 방법이 17종, 식품의 성질이나 효능, 식품의 독, 섭취 시 금기사항, 장(醬)이나 식초를 담그는 길일(吉日) 등에 대한 기록이 11종으로 모두 124종이었다. 의생활에 대한 기록은 섬유에 염색을 하는 법과, 세의법, 풀을 먹이는 법, 옷에 묻은 얼룩을 제거하는 법 등 17종이 기록되어 있었다. 주생활 관련 기록으로는 온돌의 구들을 놓고 방을 도배하거나 어두운 밤을 밝히기 위한 등불을 피우는 법이 5종 기록되어 있었다.

그리고 음식을 만드는 방법에서 다른 음식의 조리법을 비유하여 설명하고 있어 본문에 기록된 음식은 더 많았다. 예를 들어 '승검초단자는 찹쌀가루, 승검초 생잎을 찧어 가루와 버무려 절구에 찧는다. 쑥구리 같이 삶아 꿀을 쳐서 개어 꿀에 볶은 팥소를 넣어 잣가루를 묻혀 써라.' 또는 '약포는 연한 고기를 기름기 없게 하여 곱게 다져 굵은 체에 걸러 심줄 없게 한다. 그리고 기름과 검은 장과 후춧가루, 꿀 기운만 있게 하여 잘 섞어서 넣고 반반한 목판에 화전처럼 펴고 잣가루를 뿌려 반건하여 쓴다.'는 것처럼 조리방법이나 순서, 모양 등을 빗대어 다른 음식을 설명하고 있다. 승검초단자는 쑥구리, 유자단자는 유자정과와 강정, 석탄병은 무떡, 만두과와 증편은 송편, 승기악탕은 금중탕, 양찜은 미찜(해삼찜), 약포는 화전, 제육느리미는 만두, 변씨만두는 산승, 준치 뼈

표 2 음식방문의 음식분류

분류	음식명			갯수
주식류 (7)	죽	죽	호도죽	1
		미음	삼합미음	1
		응이	율무의이, 갈분의이	2
	국수		냉면	1
	만두		변씨만두, 준치 뼈 없이 하는 법(준치만두)	2
찬물류 (57)	국		완자탕, 왕배탕(자라탕), 되조미탕, 메기탕, 화돈(복어탕), 추포깻국탕, 잉어 끓이는 법	7
	찌개		어물 지지는 법	1
	전골		열구자탕, 승기악탕	2
	찜		증돈법, 돼지새기집찜, 아저찜, 생선찜(붕어찜), 게찜, 송이찜, 양찜, 봉총찜, 증구법, 칠향계, 닭, 메추리찜, 게 찌는 법	13
	구이/적		붕어 굽는 법, 봉총구이, 설하멱, 생선 굽는 법, 고기 굽는 법, 생치구이, 제육구이, 게 굽는 법, 신검채, 참새고기	10
	느르미		제육느르미	1
	채		죽순채	1
	선		동화선	1
	회		위어회	1
	족편		족편	1
	젓갈/식해		게젓, 염해법, 청어젓, 연안식해	4
	마른 찬	포	진주좌반, 편포, 약포, 민어포, 전복다식	5
		자반	임자좌반, 파래·감태자반, 미역자반	3
		튀각	다시마튀각	1
	침채		동치미, 생치김치, 동아석박지, 장김치, 석박지, 전복침채	6
떡류 (13)	찐 떡		혼돈병, 감저병, 복령조화고, 백설고, 석탄병, 증편	6
	친 떡		잡과병, 석이병, 유자단자, 승검초단자	4
	삶은 떡		-	0
	지진 떡		토란병, 권전병, 국화전	3
과정류 (5)	유밀과		만두과법	1
	숙실과		생강편	1
	과편		앵두편, 살구편	2
	전약		전약	1
음청류 (7)	차		매화차, 국화차, 포도차	3
	밀수		원소병	1
	수정과		향설고, 수정과	2
	화채		두견화책면	1
주류			-	0
양념류			고추장(2), 청태장, 급히 청장 담는 법, 사절초, 식초(2)	5(7)

(계속)

분류	음식명		갯수
가공 및 저장법		포육 말리는 법, 썩은 고기 삶는 법, 분골니어법, 생선 씻는 법, 금린어, 석수어 끓이는 법, 문어, 준시 만드는 법, 황율 만드는 법, 밤 굽는 법, 과일 수장법, 송이, 죽순, 고사리, 고춧잎	17
기타		즉어, 농어, 개고기, 사슴고기, 돼지고기, 오골계, 장 담는 길일, 초 빚는 길일, 과일의 독, 물고기 상극, 상극	11
소계			122(124)
의생활 관련		잇물 들이는 법, 지초 들이는 법, 회색(잿빛) 들이는 법, 타색 들이는 법, 도침법, 옥색 들이는 법, 보라색 들이는 법, 모시 풀 먹이는 법, 세의법, 의복 불충법, 반물 들이는 법, 양잠상, 의복 먹물 빼는 법, 의복 쇳물 빼는 법, 의복 곰팡이 없애는 법, 의복 과실물 빼는 법, 의복 핏물 빼는 법	17
주생활 관련		짐승 기름과 피마자 기름, 등잔불 밝히는 법, 등 심지 만드는 법, 방구들 놓는 법(2), 방 도배하는 법	5(6)
소계			22(23)
총계			144(147)

없이 하는 법(준치만두)는 생치만두, 추포는 연계찜, 동화선은 오이생채와 호박나물, 원소병은 수단, 과일의 독은 행인죽 등 조리법은 없으나 16종 이상의 음식명이 기록되어 있었고, '율무의이는 율무를 보리쌀처럼 닦아 물에 담갔다가 가루 수비하여…'라고 하여 율무를 씻는 법을 설명하면서 보리쌀을 씻는 법과 같이 하라고 하였다.

1) 주식류

주식류는 표 3과 같이 죽 4종, 국수 1종, 만두 2종으로 총 7종이 기록되어 있었다.

죽에는 호두죽, 삼합미음, 율무의이, 갈분의이가 기록되어 있었는데, 모두 보양식이나 병인식으로 이용되었음을 기록하였다. 호두죽은 속껍질까지 벗기고 갈아서 죽을 쑤라고 하였다. 《규합총서》와 《주식시의》, 《임원십육지》의 호두죽 기록과 유사하였는데, 이들 기록에서는 잣죽을 쑤듯 하라는 조리법이 제시되어 있다. 어떤 곡류를 사용하는지에 대한 기록은 없다. 하지만 《시의전서》에서는 불린 멥쌀을 곱게 갈아 넣고, 《주식시의》는 쌀무리를, 《임원십육지》에서는 멥쌀가루와 함께 죽을 쑨다고 하였다. 곡물에 대한 언급이 없으므로 쌀과 호두와의 비율에 기록되어 있지 않았으나, 멥쌀과 호두의 비율이 《시의전서》에는 1:0.7, 주식시의에는 1:1로 제시되어 있었다. 호두죽이 기록된 책에는 조리법의 마지막에 치담(治痰)과 해소(解消)에 좋거나, 몸이 살찌고 건강해지며, 피부에 윤기가 난다고 하여 보양의 목적으로 이용되었음을 알 수 있었다.

삼합미음은 북해삼, 동해 홍합, 쇠고기, 찹쌀을 넣어 오래 끓여서 먹는 죽으로 노인이나 소아의 원기를 회복하고, 병든 사람에게 유익하다는 것으로 보아 병인식이자 보양식으로 이용되었음을 알 수 있다. 《규합총서》와 《주식시의》에 같은 내용이 기록되어 있었다. 신선식품의 저장이 용이하지 않았던 당시 해삼과 홍합은 모두 건조되어 유통되었고, 이 둘은 대청무역의 중요 수출품이었다. 특히 황해도, 평안도, 함경도의 해역에서 생산되는 북해삼은 남해삼보다 은화 10냥을 더 받을 정도로 질을 높이 평가받았다(Lee CS, 2010). 《규합총서》에는 '북해 것은 크고 살졌지만, 맛과 약성은 크기가 작은 동해산이 으뜸이다.'라고 하여, 조선시대에는 강원도와 경상도의 동해에서 나는 홍합을 선호했음을 알 수 있다. 중국인들은 홍합을 동해부인(東海夫人)이라 했다. 바다에서 생산된 것은 모두 짜지만 홍합만은 싱겁다는 뜻에서 말려 건조한 홍합은 담채(淡菜)라고도 했다. 중국에서는 홍합이 생산되지 않아 전량 수입에 의존해야 하는 귀한 것이었다. 조선 왕조는 강원도와 경상도 일대에서 생산되는 홍합을 진공(進貢)받아 홍합초·홍합탕·삼합미음·홍합젓 등 다양한 찬품으로 만들었다. 특히 건홍합의 진공은 탄일과 명일에 집중되고 있으니 홍합은 건강과 장수를 기원하는 경축 식품의 하나로 사랑받았음을 알 수 있다(Cha GH, 2012).

율무의이는 수비하여 말려둔 율무가루를 쑨 죽으로 《규합총서》와 동일한 내용이었다. 거습(祛濕)하고 토질(土疾)을 제거하는 효과를 가졌다고 하였고, 풀을 쑤어 창호를 바르면 바닷바람을 이기는 강한 접착제가 사용된 것을 알 수 있었다.

갈분의이는 갈분을 오미자국으로 죽을 쑤어 꿀을 타서 달게 마시는 음식이었다. 더위를 물리치고, 주독을 풀어주며 설사에 유익하다고 하여 병인식으로 이용되었음을 짐작할 수 있었다. 《규합총서》, 《시의전서》, 《임원십육지》와 내용이 유사하였는데, 《시의전서》에는 생강즙을 첨가하고, 《임원십육지》에는 간성지방의 칡뿌리가 가장 좋고, 일본의 것은 더욱 좋다고 하여 갈분의 품질을 평가하였다.

국수로는 냉면이 기록되어 있었는데, 동치미 국물에 국수를 삶아 넣고 동치미와 배, 유자, 제육, 달걀지단, 잣가루 등을 올려 먹는데 그 맛이 기이하다고 하였다. 《규합총서》, 《주식시의》, 《부인필지》의 내용과 동일하였다.

변씨만두는 닭고기소를 넣어 산승 모양으로 귀지게 빚은 만두이다. 《규합총서》의 내용과 동일하였다. 《음식방문》, 《규합총서》, 《주식시의》는 밀가루를 만두피의 재료로, 소는 묵은 닭고기살을 이용하나, 《임원십육지》는 메밀가루를 만두피의 재료로 쓰고, 돼지고기소를 이용하는 점이 달랐다.

준치 뼈 없게 하는 법에 기록된 내용은 준치만두와 준치만둣국이었다. 준치살을 발라 양념한 다음 다시 토막형태로 만들어 생치만두처럼 녹말을 묻혀 지진다고 하였다. 《규합총서》에도 동일한 내용이 기록되어 있다. 준치는 《세종실록지리지》(조선왕조실록

사이트)나 《신증동국여지승람》(한국고전번역원 사이트)에 의하면 경기도·충청도·전라도·경상도·평안도 등의 여러 지방에서 많이 어획된 것으로 기록되어 있다. 《난호어목지(蘭湖漁牧志)》에는 준치를 시(鰣)라 하고 한글로 '준치'라고 쓰고, 준치는 항상 4~5월에 내유하므로 시(時) 자를 따서 이름을 붙인 것인데, 우리나라에서 통속적으로 이르는 진어가 그것이라고 하였다(김영진, 1982). '썩어도 준치'라는 말이 있는 것처럼 준치는 맛이 있는 물고기이기는 하나, 뼈가 크고 가시가 많은 것이 흠으로 지적되어 왔다. 그래서 《증보산림경제》(농촌진흥청 편역, 2003)에는 준치(箭魚)의 맛은 상품(上品)이나 날카로운 뼈가 많아 방심하고 먹어서는 안 된다고 하고, 그 뼈를 추리는 방법을 설명하고 있다. 그렇기 때문에 《음식방문》에서도 준치 뼈 없이 하는 법을 기록한 것으로 생각된다.

표 3 주식류의 종류와 조리법

분류	음식명	조리법	비고
죽	호도죽	호두를 물에 담그기 → 허물 벗기기 → 갈기 → 물과 섞어 죽 쑤기	담백한 맛이 절미이고 해소하는 데 유익하다.
	삼합미음	① 북해삼 물에 담그기 → 돌에 문질러 검은 것 없게 하기 ② 동해 홍합 물에 담그기 → 털 없게 하기 ③ ①+② → 큰 탕관에 앉히기 → +기름기 없는 쇠고기 1덩이→ +단 물 → 숯불에 고으기 → 무르거든 찹쌀 1되를 넣어 고으기 → 체에 밭치기 → 3년 묵은 검은 장 타 먹기	노인과 소아의 원기를 돕고 병든 사람에게 유익하다.
	율무의이	율무를 보리쌀처럼 닦기 → 물에 담그기 → 가루 수비하여 말리기 → 죽 쑤기 → 꿀 타서 먹기	맛이 아름답다. 거습하고, 토질을 없게 하기 때문에 한나라의 북파장군 마원이가 군대로 실어간다.
	갈분의이	갈분을 오미자국에 타기 → 꿀로 달게 하기	더울 때 척서(滌暑)하고, 주독을 풀어주고 설사에 유익하다.
국수	냉면	동치미국에 국수 넣기 → 동치미 무, 배, 유자를 썰어 얹기 → 제육, 달걀 부친 것 채치기 → 후추, 잣가루를 뿌려 먹기	동치미를 만든 후 그 국물을 이용하면 기이한 맛의 냉면이 된다.
만두	변씨만두	① 닭 백숙하기 → 닭고기 살을 곱게 다져 심줄 없게 하기 → 잣가루, 후춧가루, 각색 양념을 기름장으로 간을 맞추기 → 볶기 ② 밀가루를 깁체에 쳐 반죽하기 → 산승 빚듯 하여 비치게 밀기 → 귀나게 베어 썰기 ③ ②에 ①을 넣기 → 귀로 싸기	닭 삶은 물에 삶아 초장에 먹는다.
	준치만두	준치 씻어 토막 내기 → 허리 꺾어 베나 모시나 수건으로 머리 눌러 가시 빼기 → 각색 양념하기 → 다시 준치 토막처럼 만들기 → 생치만두처럼 하기 → 녹말 묻히기 → 지지기(먼저 삶은 물에 꾸미와 유장을 넣어 끓여도 좋다)	준치 뼈 없게 하는 법

2) 찬물류

찬물류의 조리법은 표 4와 같다. 찬물류에는 국/탕, 전골, 찜, 구이/적, 느르미, 선과 채, 회, 족편, 젓갈, 마른찬, 침채류 등 총 57종이 수록되어 있었다. 이 중 찜이 13종으로 가장 많았고, 구이/적, 마른찬, 국/탕 순으로 많았다.

① 국/탕에는 완자탕, 왕배탕, 되조미탕, 메기탕, 화돈, 추포깨국탕, 잉어탕 등 총 7종이 기록되어 있었다. 완자탕은 생선살을 발라 양념한 후 둥글게 완자를 빚어 장국에 끓인 탕이었다. 완자탕은 조선시대 고조리서에 기록된 국의 종류 중 가장 빈도가 높게 기록된 탕이다. 《규합총서》에는 완자탕을 만드는 방법은 같으나, 돼지고기, 쇠고기, 꿩고기, 닭고기 중에서 곱게 다져서 한다는 점이 달랐다. 《시의전서》, 《주식시의》, 《부인필지》는 모두 생선살에 육류의 살코기를 혼합하여 완자를 만들었으나, 《음식방문》에서는 생선살만 사용한 어알탕이었다.

왕배탕은 자라탕이다. 자라를 손질하여 뽕나무 가지를 넣어 곤 음식이었다. 《규합총서》에 동일한 내용이 기록되어 있고, 자라는 벽적(癖積)에 성약(聖藥)이라 하였다. 뽕나무는 잎, 뿌리껍질, 열매 등을 한약재로 사용하여 왔다. 뽕나무를 상전(桑田)이라 부르고, '상전벽해(桑田碧海)'라는 용어에서 알 수 있듯 사람들에게 친숙한 재료이다.

되조미탕은 '그 살을 상육 사외 같이 하고 그릇을 달구어 기름을 쳐서 살짝 볶아 장국을 알맞게 하여 잣가루와 후춧가루를 넣어 쓰면 좋다. 늦은 봄에는 깻국에도 한다.' 라고 기록되어 있다. 되조미탕이라는 음식명도 생소하며, 조리법의 앞부분에 생략이 많이 된듯 하여 탕이라는 것 외에 어떤 음식인지 가늠하기 어렵다. 상육(上肉)은 좋은 고기 즉 쇠고기의 안심과 등심을 말한다. 'ᄉᆞ외'는 '깊이 단단히'의 뜻이 있기는 하나, '… 그릇을 달구어' 이전은 전체적인 뜻이 통하지 않아 안타까울 뿐이다. 다른 문헌에서도 찾아볼 수 없었다.

메기탕은 손질한 메기에 고추장과 꿀을 넣어 끓인 매운탕이었다. 《규합총서》에도 동일한 내용이 기록되어 있었다. 《음식방문》에는 메기를 끓는 물에 한 번 튀한 후 호박잎으로 문질러 씻으면 고기 표면의 검은 이물질을 제거할 수 있다고 손질법이 자세히 기록되어 있었다.

화돈은 하돈(河豚)을 가리키는 것으로 복어를 말하고, 여기서는 복어탕에 대한 내용이 기록되어 있었다. 《규합총서》에도 동일한 내용이 기록되어 있었다. '복어는 피와 알이 대단히 독해서 잘못 먹으면 사람이 왕왕 상한다. 사람들이 이를 모르지 않되 일시의 재미에 취하여 해를 입는 사람들이 많은데 절대 먹을 것이 아니다. 끓이는 법은 배를 타보면 핏줄이 가로로 있고 세로로도 있으니 칼로 세세히 실 같은 것도 없이 하여 물에 무수히 빨아 등마루를 쪼개어 젖히고 바둑돌 같은 것으로 무수히 두드려 핏기도 없게 뺀다.'라고 복어의 손질법이 자세히 기록되어 있었다. 또 복어의 독을 해독하기 위해선 감동젓을 같이 먹는다고 하였다. 미나리를 많이 데쳐서 넣는데, 《음식방문》에서는 복어를 깻국에 무르녹게 오래 끓이면 맛있다고 하였고, 《규합총서》에서는 맑은 장을 넣어 끓이는 것이 달랐다. 《증보산림경제》에서는 미나리, 파, 양제잎, 간장, 참기름으로 양념을 하였다. 《규합총서》에는 《본초》를 인용하여 '독이 있는 생선들은 비늘 없는 것, 배가 땡땡한 것, 이를 갈고, 눈을 감은 것, 소리를 하는 생선이 다 지독한데 복어는 이 다섯 가지를 모두 갖추었다. 그러나 또한 맛이 좋기로 유명하니 안 먹을 수도 없다.' 고 하였다.

추포는 오징어 말린 것이다(윤서석, 1991). 추포를 물에 불려 썰어서 닭국물에 깻국을 합하여 끓인 탕이 기록되어 있었다. 여름에 먹으면 담을 삭힌다고 한 것으로 보아 보양식으로 이용되었음을 알 수 있다. 연계찜에도 넣을 수 있다고 하니 말린 오징어를 불려 여러 음식의 부재료로 이용하였음을 알 수 있다. 《규합총서》에도 동일한 내용이 기록되어 있었다.

잉어탕은 잉어 끓이는 법으로 기록되어 있었는데, 잉어를 비늘을 긁지 않은 채로 크게 토막지어 솥에 넣어 오래 끓인 후 1/3 정도가 줄면 초장과 탁주를 섞어 만든 탕이었다. 잉어는 겨울철 얼음이 얼어 추울 때 탕을 해야 좋고, 잉어를 잡아 꼬리를 매달아 피를 빼야 비린 맛이 없다고 하였다. 《증보산림경제》와 《규합총서》에 동일한 내용이 기록되어 있었다. 《임원십육지》에는 잉어는 아욱과 같이 국을 끓이면 안 되고, 잉어의 알은 돼지간과 함께 먹으면 몸에 해롭다고 하였다.

② 찌개는 어물 지지는 법, 전골류로는 열구자탕과 승기악탕이 기록되어 있었다.

어물 지지는 법은 생선찌개를 하는 법이다. 생선을 지질 때는 먼저 장국을 끓이다가 생선을 넣고, 술을 조금 넣으면 뼈가 연해지는데, 백봉선화씨와 살구씨(杏子)도 같은 효과가 있다고 하였다.

열구자탕은 육류의 살코기와 양, 천엽, 부화, 곤자소니 등의 부산물과 꿩고기와 묵은 닭의 조육류, 생선과 해삼, 전복 등의 어패류, 도라지, 순무, 미나리 등의 채소류 등이 다양하게 쓰였다. 탕을 먹은 후에는 흰떡, 가는 국수, 조악 등을 더 끓여먹을 수 있게 준비되었다. 열구자탕에 붓는 국물에 대한 언급은 없으나, 《규합총서》, 《주식시의》, 《부인필지》에는 돼지고기 삶은 국물에 쇠고기를 많이 넣고 고기 볶은 즙을 합하여 끓인 국물을 이용하는데 비해, 《시의전서》에서는 양숙 곤 것에 쇠고기 곤 것과 볶은 것을 넣어 끓인 국물을 넣고, 《임원십육지》에는 고기국물에 간을 하여 붓는다고 하였다. 고명으로는 고기 완자를 만들어 올려 '모리'하여 달걀에 씌워 지지라고 하였는데, 《시의전서》, 《주식시의》, 《부인필지》에는 은행, 잣, 호두, 대추, 밤, 배, 귤 등의 고명이 올랐다. 《음식방문》, 《규합총서》, 《시의전서》, 《주식시의》에는 게장을 달걀에 섞어 주황색이 도는 게장전유어를 부쳐 고명으로 올렸으나, 《임원십육지》는 고추를 사용하였다.

승기악탕은 살찐 진계(陳鷄)를 술, 기름, 식초로 밑간하여 박고지, 표고, 파, 돼지기름을 넣어 끓인 음식이다. 금중탕을 만들 듯 하라 하고 인용하고 있다. 또 왜관음식으로 기악(妓樂)보다 낫다는 말이라는 음식명의 설명을 덧붙이고 있다. 《규합총서》와 《주식시의》에 동일한 내용이 기록되어 있다. 이학규(1770~1835)의 《금관죽지사(金官竹枝詞)》에 따르면 신선로로 끓여 먹는다는 고깃국은 본디 일본으로부터 전래된 것이라고 하여 이 음식이 일본으로부터 전래되었고, 조선에서 일본인들이 주로 거주했던 왜관지역에서 즐겨먹은 음식이었던 것임을 알 수 있다. 승가기(勝佳妓), 승기악탕(勝只樂湯), 선기야탕(勝妓樂湯), 승기악탕 등으로 이름이 변하였다. 1800년대의 궁중의궤에 해물, 육류 및 내장고기, 채소류 등 30여 가지의 재료를 이용하였고, 냄비, 풍로, 주칠소원반 등을 이용한 것으로 보아 곁반에서 직접 끓이면서 이용한 음식으로 생각된다. 1800년대 중반까지의 기록에서는 주재료가 닭고기였으나, 이후 숭어로 바뀌었다.

③ 찜은 증돈법, 돼지새기집찜, 아저찜, 양찜, 봉총찜, 증구법, 칠향계, 닭찜, 메추리찜, 생선찜(붕어찜), 게찜, 게 찌는 법, 송이찜 등 총 13종이었다. 증돈법은 돼지 머리고기 속에 쇠고기를 다져넣고, 맛있는 새우젓국을 발라 찐 음식이었다. 술안주로 이용된다고 기록하였다. 돼지새기집찜은 돼지의 새끼집을 무르녹게 삶아 한 마디씩 베어 다진 돼지고기와 쇠고기를 양념하여 소를 넣고, 닭고기, 꿩고기, 전복, 해삼, 나무새 등을 넣어 깨소금과 유장으로 양념하여 찐 음식이다. 아저찜은 아저를 깨끗하게 씻어 그 뱃속에 양념을 갖추어 넣어 찐 음식이었다. 모두 《규합총서》에 동일한 내용이 기록되어 있으며 돼지고기 껍질을 삶아 초장에 찍어 먹는 제피수정회법까지 기록되어 있었다.

양찜은 양깃머리를 얇게 저며, 해삼찜의 소를 하듯 소를 넣어 싸서, 가루를 묻히고, 달걀을 씌워 지진 후 달걀을 푼 가루즙을 푼 음식이었다. 다른 조리서들에 있는 양찜과는 달랐는데 《산가요록》의 양찜은 양을 오래 고아 양즙을 하듯 찐 음식으로 꿩고기를 넣어 삶기도 하였다. 《술 만드는 법》의 양편법은 양을 곱게 다져서 쇠고기나 돼지고기, 꿩고기를 넣어 어만두를 하듯 삶아 내어 초장에 찍어먹는 음식이다. 《음식방문》과 가장 유사한 것은 《주찬》과 《음식방문(동국대본)》이었는데, 양 껍질을 벗겨 닭고기와 쇠고기를 소를 넣어 중탕으로 익힌 음식으로 익히는 방법이 달랐다.

봉총찜은 꿩고기의 껍질을 살려두고 살코기만을 발라내어 다진다. 여기에 다진 쇠고기를 넣고 양념하여 다시 꿩의 껍질에 채워 원래 꿩 모양으로 만들어 나물을 넣어 찜을 한 음식이다. 《규합총서》와 《시의전서》에 동일한 내용이 기록되어 있으며, 《주찬》에는 손질한 꿩고기를 그대로 기름에 지진 후 나물을 넣어 같은 방법으로 찜을 하는 법이었다. 《시의전서》에는 나물거리로 미나리, 박고지, 순무, 도라지, 고비, 표고, 파, 생강, 다시마 등을 넣었다.

증구법은 살찐 개의 살코기와 내장에 청장, 고추, 기름, 깨소금, 고춧가루, 미나리, 파를 넣어 뭉근하게 오랫동안 끓인 찜으로, 삶은 국물과 함께 개장국을 끓이기도 하였다. '… 솥뚜껑을 제쳐 덮고 물을 부은 후 수건으로 테를 둘러 김이 나가지 않게 하고 …' 또는 '… 견고한 나무로 하지 말고, 빈 가마니 3닢만 하면 촉촉하다.'는 것으로 보아 개고기를 푹 익히기 위해 뚜껑이 담긴 찬물은 솥 안의 열이 쉽게 오르지 않게 하며, 뜨거운 김은 밖으로 나가지 못하고, 약한 불로 뭉근하게 가열되기 위하여 열원으로 가마니를 이용하는 비법을 알 수 있다. 《규합총서》, 《윤씨음식법》, 《부인필지》에도 증구법이 기록되어 있었는데, 《규합총서》와 《부인필지》에서는 고춧가루 대신 후춧가루를 사용하였고, 《윤씨음식법》에서는 진계, 비계, 제육, 해삼, 전복 등을 함께 넣어 무르게 고은다고 하였다.

칠향계는 묵은 진계의 내장을 빼고 배에 도라지, 생강, 파, 천초, 간장, 기름, 식초 등을 넣어 항아리에 넣어 중탕으로 익힌 닭찜이다. 7가지의 향신채소와 조미료가 들어가 말 그대로 칠향계(七香鷄)이다. 《규합총서》와 동일한 내용이었으나, 《규합총서》에는 암탉을 《음식방문》에는 진계라고 표기된 점이 달랐다. 《음식방문(동국대본)》에는 황계에 토란, 박오가리, 순무, 배추줄기, 표고, 참버섯에 기름과 간장을 넣어 삶는다고 하였고, 《정일당잡지》에는 닭에 토란, 박오가리, 순무, 표고, 다시마, 도라지를 넣고 간장과 기름을 쳐서 양푼에 중탕하여 쓴다고 하였다. 따라서 《규합총서》와 《음식방문》의 기록과 《음식방문(동국대본)》과 《정일당잡지》의 내용이 부재료에서 상당히 다른 차이를 보였다. 《음식방문》에는 노계나 수탉은 앵두 나뭇가지를 가로질러 삶으면 연해진다고 하였다. 그렇다면 칠향계의 진계는 《규합총서》처럼 암탉을 의미하는 것으로 생각할 수도 있겠다. 닭은 잡아서 반일 정도 거꾸로 매달아 피를 빼고 사용하며, 굴뚝 곁의 기와조각을 넣어 끓이면 연해진다고 하였다.

메추리찜은 손질한 메추라기에 양념한 쇠고기소를 넣고 나무새, 파, 미나리, 표고, 송이, 죽순, 유장, 후춧가루를 넣어 끓인 후 가루즙을 타서 국물이 바특하게 제 몸을 젖을 정도로만 하는 찜이다. 《규합총서》와 《시의전서》에 동일한 내용이 기록되어 있었는데, 《규합총서》에는 송이 대신 석이였다. 《규합총서》에 '겨울에 들에 날다가 소나 말을 보면 어리대어 잡히고, 새장에 넣어 기르면 경경이 운다.'는 것으로 보아 메추라기를 사육하였다는 것을 알 수 있다.

생선찜은 생선의 등마루를 쪼개어 만두소처럼 고기소를 넣어 솥에 넣어 찐 후 밀가루와 달걀을 푼 붕어찜이었다. 《규합총서》와 《부인필지》에 동일한 내용이 기록되어 있었다. 이때 속을 채운 붕어 뱃속에는 좋은 식초를 쳐서 뼈까지 쉽게 무르게 하고, 붕어의 입에 백반 조각을 물려 찜이 완성될 때까지 붕어의 형태가 잘 유지되도록 하는 비법을 기록하고 있다. 붕어찜은 조선시대 고조리서에 있는 찬물류 중 가장 빈도수가 높게 기록된 음식이다. 붕어찜은 한자로는 시어증(鰣魚蒸) 또는 부어증(鮒魚蒸)으로 기록되어 있는데, 《규합총서》에는 '《산해경(山海經)》에 이르기를 붕어가 물에 다닐 제 하나는 앞서고, 줄은 뒤 세우는 고로 일명 비첩(婢妾)이오, 혹 청의어(青衣魚)라 하나 《본초(本草)》에 이르기를 뭇 생선이 다 화에 속하되 오직 즉어(鯽魚)가 토(土)에 속하는 고로 비위(脾胃)를 고르고 장위(腸胃)를 실하게 함이 있다 하니 《여씨춘추(呂氏春秋)》에 이르기를 생선 중 아름다운 것은 통정집부(通政執夫)라 하였다.'라고 붕어의 특성을 자세히 기록하였다.

게찜은 게의 누른 장과 검은 장을 긁어 달걀에 섞어 풀어 찌는 찜이었다. 《규합총서》, 《시의전서》, 《부인필지》에 동일한 내용이 기록되어 있었다. 오늘날의 달걀찜과도 비슷한 형태일 것으로 생각되나 게의 장이 들어가 그 풍미가 좋을 것으로 기대되는 음식이다. 많이 익으면 즙국을 만들어 얹는다고 하였으나, 그 형태나 내용이 분명치 않은 아쉬움이 있다. 게 찌는 법은 《음식방문》의 뒷부분 각 식품별 갈무리법에서 게를 찔 때 감꼭지를 같이 넣으면 게가 푸르다고 하였다. 게는 생으로 있을 땐 회갈색을 띄지만, 가열에 의해 게 표면의 색소단백질이 분해되어 비로소 아스타잔틴(astaxanthin)이 발현되어 붉은 색을 띄게 된다. 하지만 감꼭지를 넣어 푸르게 한다는 것이 어떻게 가능한지는 미지수이다.

송이찜은 송이를 얇게 저미고, 쇠고기와 돼지고기를 다져서 양념하여 소를 만들어 양쪽으로 저민 송이를 붙여서 지진 후 꾸미를 넣고 가루즙을 탄 찜이었다. 《규합총서》, 《주식시의》, 《시의전서》와 통일한 내용이었다. 《주식시의》에는 반상과 요리상에도 쓰고, 주안상에도 올린다고 하여, 그윽한 송이 향을 즐기는 좋은 안주로도 쓰였음을 알 수 있었다.

④ 구이/적은 설하멱, 제육구이, 고기 굽는 법, 생치구이, 봉총구이, 참새고기구이, 붕어 굽는 법, 생선 굽는 법, 게 굽는 법, 신검채산적 등 총 10종이었다. 설하멱은 쇠고기 등심살을 넓고 길게 저며 칼로 잔금을 내고, 유장에 주물러 숯불 재를 덮어 굽되 고기가 막 익어 끓으면 냉수에 담갔다가 굽기를 세 차례 한 후 유장, 생강, 파, 후추 양념을 갖추어 발라 굽는다고 하였다. 이렇게 하면 연하다고 한 것으로 보아 당시의 고기 연화법의 일종으로 쓰인 것으로 생각되며, 눈 오는 날 찾는다는 뜻으로 설이멱이라 하는 것은 와전되었다고 음식명의 유래도 밝히고 있다. 《증보산림경제》, 《임원십육지》, 《규합총

서》, 《주찬》 등에도 기록되어 있다. 《증보산림경제》에는 마늘즙을 넣으면 더 연하고 맛있는데 그 향을 싫어하는 사람들이 있다고 하였고, 《주찬》에는 마늘, 잣, 초피, 밀가루 등이 양념으로 더 들어갔다.

제육구이는 돼지고기를 큰 덩어리로 유장을 발라가며 숯불에 구운 음식이다. 그런데 이 과정에 속뜨물에 여러 차례 담가가며 익힌다. 설하멱을 할 때 익힌 고기를 눈 위에 던지거나 찬물에 담갔다가 다시 익히는 것과 같은 방법이다. 《규합총서》의 제육 굽는 법과 동일한 내용이다. 우리나라에서는 일반적으로 쇠고기나 돼지고기는 먹기 좋은 크기로 썰어서 양념을 한 후 가열하는 방법을 이용하지만, 이렇게 덩어리 고기를 익혀 저며서 먹는 법은 드물다. 그래서인지 중원에서 돼지고기를 굽는 법이라 밝히고 있다. 중원(中原)은 중국문명의 발원지인 황허강(黃河江) 중류의 남북 양안(兩岸)지역을 가리킨다. 즉 중국에서 널리 먹는 돼지고기 조리법이 조선에까지 영향을 미친 것이다.

고기 굽는 법에는 쇠고기 굽는 요령이 기록되어 있었는데, 고기를 구울 때 말린 참깨꽃가루를 뿌리면 기름이 흘러내리지 않으므로 산적도 이렇게 하면 좋다고 하였다. 《주식시의》에도 이 법이 기록되어 있는데 가지꽃 마른 것도 같은 효과가 있다고 하였다. 말린 꽃가루가 기름을 흡수하는 역할을 하여 직화구이에서 연기가 덜나게 하는 효과가 있을 것으로 생각된다. 이 참깨꽃은 자손을 번창하게 한다는 의미도 가지고 있다. 그래서 조선시대 처녀들은 참깨꽃이 피면 시집가서 주렁주렁 아들을 낳게 해달라는 소원을 빌며, 머리에 꽂고 다녔다고 한다(굿디넷, 2009).

생치구이는 꿩고기를 물을 적신 한지에 싸서 굽다가 반쯤 익으면 한지를 벗겨내고 기름과 소금을 발라가며 굽는 법이었다. 물을 적신 종이를 싸서 종이와 꿩고기 자체의 수분으로 익는 찌기(steaming)와 굽기(grilling)를 하는 두 가지 조리법을 이용한 것이다. 처음부터 직화구이를 할 경우 겉은 타고 속은 익지 않을 수 있으니 속을 충분히 익힌 후 겉을 익혀 직화구이의 효과를 살린 지혜로운 방법이라 하겠다. 이 방법은 《규합총서》와 《부인필지》에 동일한 내용이 기록되어 있다. 《시의전서》에는 꿩을 통째로 구우면 전치수라 하고, 마늘, 깨소금, 기름, 후춧가루, 꿀, 소금으로 밑간을 하여 종이에 싸서 굽는 법이 달랐다.

봉총구이는 봉총찜과 같이 소개되어 있었는데 다진 꿩고기와 쇠고기 소를 넣어 다시 꿩고기 모양으로 만든 후 생치구이법과 같이 굽는 음식이었다. 《규합총서》와 《시의전서》와 동일한 내용이었는데, 다만 고기소를 다시 꿩고기 껍질에 채울 때 생치 모양으로 한다고 하였다. 《규합총서》와 《시의전서》에는 꿩 다리 모양으로 만든다는 것이 달랐다.

참새는 소금과 기름을 발라 구이를 하였다. 참새고기는 간장을 바르면 맛이 좋지 못하다고 하였다. 《규합총서》와 《부인필지》에도 동일한 내용이 기록되어 있었는데, '시월 후부터 정월까지 먹을 수 있고, 나머지는 먹지 못한다. 독한 벌레를 먹으며, 깃에 깐 새끼들이 어미를 잡으면 굶주려 죽는다.'고 하였다. 참새고기는 크기는 작지만, 뼈가 연하여 털만 뽑으면 통째로 구워 먹을 수 있어 겨울철의 별미로 이용되었다. 《음식디미방》(황혜성 편역, 1980)에서는 '참새 털을 깨끗이 뜯어 눈과 주둥이, 발, 창자를 내버리고 칼등으로 두드려서 편평하게 한 다음 두꺼운 종이로 검은 피를 짜 버리고 술로 깨끗이 씻어 말린다. 참새 1근에 볶은 소금 1냥, 익은 기름(한 번 끓인 기름) 1냥, 좋은 술 1잔으로 버무려 2마리씩 서로 거꾸로 되게 합하여 그 속에 천초 5알과 파를 둘씩 넣어 단지에 차곡차곡 넣었다 쓴다. 대체로 고기를 저장할 때 단지의 입을 봉하고 석회(石灰)를 바르면 반년은 둘 수 있다.'라고 참새 저장법을 소개하고 있다.

생선을 구울 때는 적꼬치로 생선 입부터 비스듬히 찔러 꿰어 화로에서 멀리 들고 뒤적여 가며 더운 기를 쬐어 어즙이 다 빠져 나오면 굽는다고 하였다. 또 붕어 굽는 법은 숯불에서 재를 얇게 덮어 통째로 굽는 붕어구이였다. 이때 비늘을 벗기는 법이 독특한데, 열에 의해 비늘이 말라 일어나면 냉수를 말라 다시 붙이기를 5~6차례 하여 나중에는 발개깃으로 문지르면 자연스럽게 떨어져 내리도록 하였다. 《규합총서》와 《시의전서》에 동일한 내용이 기록되어 있다. 《규합총서》에는 《본초강목》을 인용하여 마늘, 겨자, 돼지고기, 간, 꿩고기, 사탕, 맥문동 등과 같이 먹지 말라고 부기하고 있다.

게 굽는 법은 게찜과 같이 게의 장과 살을 발라 달걀에 섞은 후 대통에 넣어 찌고 다시 이것을 유장을 발라 구운 게구이였다. 《규합총서》에 동일한 내용이 기록되어 있었다. 찌고 다시 꼬치에 꿰어 굽기까지 한 손이 많이 가는 음식이었다. 김종직, 서거정, 허균, 정약용 등 조선시대 사대부들에게 최고의 술안주로 꼽은 것은 다름 아닌 게 음식이었다. 게는 당시 게탕(蟹湯), 찜, 구이, 전, 느르미, 포, 젓갈(鹽蟹, 醬蟹, 藥蟹, 醬醋蟹, 糟蟹, 酒蟹, 法蟹, 沈蟹) 등으로 다양하게 조리되었다. 이덕무는 《오주연문장전산고》(민족문화추진회 편역, 2009) 섭생편에서 특히 가을에 먹는 게는 최고의 양생비결(養生秘訣)이라 하였다. 그렇기 때문에 고조리서에는 게를 오래두는 저장법도 책마다 빠짐없이 기록되어 있다.

신검채는 봄철에 새로 돋는 연한 줄기의 껍질을 벗겨서 쇠고기 안심살과 섞어 꿰어 양념을 발라 구워 산적으로 만들었다. 《규합총서》에도 동일한 내용이 기록되어 있었다. 겨울에는 흰 움을 꿩고기와 함께 꿰어 구우면 좋다고 하였다. 꿩고기는 겨울철에 기름이 올라 특히 맛이 좋으니 별미였을 것이다.

⑤ 느르미로는 제육느르미가 유일하게 기록되어 있었다. 돼지고기를 저민 후 소를 넣어 말아서 지지고 느르미즙을 얹은 음식으로 반찬으로 쓴다고 하였다. 느르미란 지

지거나 익힌 음식에 밀가루즙을 거룩하게 하여 끼얹은 음식으로, 누르미, 노리미, 느름이라고도 불렀다. 재료로는 쇠고기, 꿩고기, 개고기, 생선, 석화, 낙지, 대구껍질, 동아 등이 이용되었는데, 18세기 이후에는 누름적의 형태로 바뀌어 졌다.

⑥ 족편은 소의 족을 무르녹게 삶은 후 체에 받치고, 편평한 그릇에 부어 굳힐 때 다진 꿩고기와 황백의 달걀지단, 붉은 고추 채, 잣가루, 유장, 생강, 파, 후춧가루 등을 놓아 모양을 낸 음식이다. 《규합총서》, 《시의전서》, 《부인필지》의 내용과 유사하였는데, 《시의전서》는 소의 족과 꼬리를 고는데, 여기에 사태, 닭고기, 꿩고기를 함께 넣고 삶아야 좋다고 하였다.

⑦ 위어회는 웅어를 풀잎같이 저민 후 종이 위에 놓아 기름기와 물기를 제거하고, 회를 쳐야 좋다고 하였다. 웅어회를 뜨는 순서를 잘 보여주는 대목이라 하겠다. 《규합총서》, 《주식시의》와 동일한 내용이었다. 웅어는 과거에 위어(葦魚)라고 하였는데, 갈대 사이에서 산란하는 습성이 있어 이름에 갈대 '위' 자가 붙었다는 말이 있다. 《난호어목지(蘭湖漁牧志)》에는 《본초강목》에 보이는 이름을 빌려 제어(鱭魚)라 하고, 한글로 '위어'라 하였으며, 그 속명을 위어(葦魚)라 하였다. 우리나라의 서·남해안에 주로 분포한다. 강호(江湖)와 바다가 통하는 곳에 생산되는데, 매년 4월경 하천으로 거슬러와 산란을 하고, 여름에서 가을에 걸쳐 바다로 내려가서 월동하고, 성장한 뒤 다시 하천으로 와서 산란한다. 《송남잡지(松南雜識)》에는 '위어는 행주(幸州)에서만 나므로 지금 사옹원(司饔院)이 진상한다.'고 하였다. 《자산어보(玆山魚譜)》에는 웅어를 도어(魛魚)라 하고, 속명을 위어라 하였으며, 빛깔이 희고 맛이 좋아 회의 상품이라 하였다(한국민족문화대백과).

⑧ 죽순채는 얇게 저민 죽순과 다진 쇠고기와 꿩고기, 표고, 석이, 파, 후추 등의 양념을 넣고 볶은 음식이었다. 《규합총서》와 《주식시의》에 동일한 내용이 기록되어 있었다. 《시의전서》의 죽순나물은 데친 죽순을 1치 길이씩 잘라 다진 고기와 간장, 깨소금, 고춧가루, 기름으로만 양념하여 볶아 버섯류가 들어가지 않는 것이 달랐다.

⑨ 동화선은 서리 맞은 동아의 센 껍질을 모두 깎아버리고 속을 제거하고 화전처럼 둥글고 도톰하게 썰어 절인 후 달궈진 노구솥에 기름을 넉넉히 두르고 볶아서 계자즙에 담갔다가 하룻밤이 지난 후 먹는 음식이었다. 동아는 오이생채만큼 절인다고 하였다. 《규합총서》와 《시의전서》는 만드는 법은 같았으나, 동아를 써는 모양을 반듯반듯하게 하는 것이 달랐고, 《규합총서》는 꿀을 더 첨가하였다. 《음식방문》에는 연한 배추를 같은 모양으로 썰어서 섞어도 좋다고 하였다.

⑩ 젓갈류로 염해법, 게젓, 청어젓, 연안식해의 총 4종이었다. 염해법과 게젓은 게를 이용한 젓갈이다. 게를 이용하여 소금으로 젓을 담그는 방법이 염해법이고, 간장을 부

어 담는 법이 게젓이었다. 《규합총서》에도 동일한 방법이 기록되어 있었다. 게젓을 담글 때는 천초를 넣거나 수유잎을 덮어 눌러두면 오래 두어도 상하지 않는다고 하였다. 수유잎은 수유나무의 잎으로, 열매는 기름을 짜서 머릿기름이나 해충구제약으로 사용되기도 한다. 《성호사설》(민족문화추진회 편역, 1977) 만물문에는 수유열매의 기름으로 등불을 켠다고 하였다.

청어젓은 청어를 소금에 절여 어즙을 1차로 뺀 다음 독에 넣고 다시 청어와 소금을 켜켜이 넣어서 삭힌 젓갈이었다. 《규합총서》와 《부인필지》에 동일한 내용이 기록되어 있고, 비웃젓이라고도 한다고 하였다. 청어는 《세종실록》 지리지와 《신증동국여지승람》 토산조(土産條)를 보면 우리나라의 전 연안에서 어획되었던 것으로 되어 있다. 《성호사설》(민족문화추진회 편역, 1977), 《난호어목지(蘭湖漁牧志)》(김영진, 1982), 《자산어보(玆山魚譜)》(정문기 편역, 2012) 등에는 청어의 회유로(洄游路)를 설명하고 있다. 《난중일기》에는 임진왜란 때 이순신 휘하의 수군이 청어를 많이 잡아 어획한 청어와 곡식을 바꾸었다는 기록이 있다(1595년(선조 28) 12월 4일 일기). 허균(許筠)은 《성소부부고(惺所覆瓿藁)》(한국고전번역원 사이트)에서 '청어는 4종이 있다. 북도산(北道産)은 크고 속이 희다. 경상도산은 껍질은 검고 속은 붉다. 전라도산은 조금 작으며 해주에서 잡은 것은 2월에 맛이 극히 좋다.'고 하여 산지에 따른 청어의 특징을 기록하였다. 하지만 청어는 역사적으로 볼 때 세계 여러 곳에서 심한 자원변동이 잦았다. 우리나라 연해에 있어서의 청어도 그 자원이 다른 어류자원과는 달리 아주 심한 단기적 또는 장기적인 변동현상을 보였다. 조선시대의 각종 문헌에는 청어자원변동에 관한 것이 종종 언급되어 있다. 《중종실록》(6년 4월 정해조) 《지봉유설》(남만성 편역, 1994), 《징비록》(김시덕 편역, 2013) 등에는 과거 청어를 많이 어획했던 곳이나 당시 전혀 청어가 잡히지 않는다고 기록하고 있다. 하지만, 《오주연문장전산고》(민족문화추진회 편역, 2009)에서는 '우리나라에서는 100여 년 전에 심히 성하였다가 중간에 절산(絶産)되었는데, 1798~1799(정조 22~23)년에 다시 나타나 조금 흔하여졌다.'고 하여 자원의 성쇠소장(盛衰消長)이 심하였음을 알 수 있다. 1800년대 후반기에 접어들어 서해안의 청어자원은 곳곳에서 줄어들기 시작하여 1800년대 말에 이르러 서해안에서는 거의 잡히지 않게 되었다. 1900년대로 넘어오면서부터 청어어장은 경상도의 동북연안으로 국한되었다. 청어의 생산이 많았던 시기, 지방분이 풍부한 청어는 말리거나 젓갈로 가공되었다. 당시 가난한 선비들을 살찌우는 생선이라 하여 비웃이라 이름하고, 말린 청어는 눈을 꿰어 관목(貫目)이라 하였다.

연안식해는 큰 조갯살에 밥, 엿기름가루, 소금, 대추, 잣, 참기름 등을 넣어 삭힌 젓갈이다. 《규합총서》에 동일한 내용이 기록되어 있다. 《증보산림경제》에는 두 가지의 연안식해 만드는 법을 기록하였는데, 이 식해는 지금도 황해도 지역의 향토음식으로 전해진다. 식해는 원래 북쪽지방에서 즐겨먹는 음식으로 동태, 가자미, 도루묵 등의 생선을 손질한 후 물기를 없앤 다음 엿기름이나 조밥, 찹쌀밥 등을 넣고 발효시켜 곡물에 의한 유산발효로 톡 쏘는 맛을 즐기는 음식이다.

⑪ 마른찬은 포, 자반, 튀각이 있었는데 민어(포), 진주좌반, 편포, 약포, 임자좌반, 다시마튀각, 미역자반, 전복다식 등 8종이었다. 민어포는 민어의 살을 떠서 말린 어포였다. 특히 가을에 살을 두껍게 떠서 말리면 광어보다 맛이 낫다고 하였다. 《규합총서》에도 동일한 내용이 기록되어 있었데, 생으로는 결이 굵고 맛이 없다고 하였다.

진주좌반은 쇠고기를 가늘게 다져 반쯤 익힌 후 간장, 식초, 꿀, 깨, 후추를 넣어 바짝 볶은 마른 찬이었다. 《규합총서》와는 음식명과 내용이 동일하였는데, 《규합총서》는 소볼기살을, 《음식방문》은 연한 쇠고기를 쓴다고 한 것이 달랐다. 동일한 내용이나, 《시의전서》에는 천리찬으로, 《부인필지》에는 똑똑이좌반으로 기록되어 있었다. 《규합총서》에는 쇠고기를 얇게 썰되 진주처럼 썬다고 하였다.

편포는 연한 쇠고기를 곱게 다져 소금으로 간을 하고, 기름, 후추, 천초가루, 실깨, 잣가루를 넣어 양념한 후 방정히 모양을 만들고, 겉에 기름을 조금 발라 말리는 육포였다. 《규합총서》, 《시의전서》, 《부인필지》와 동일한 내용이었다. 《음식방문》에서는 고기 손질을 할 때 심줄이 없이 하여 곱게 다질 것을 강조하였고, 《규합총서》만 햇볕에 말리라고 하였다.

약포는 쇠고기의 기름을 제거하고, 곱게 다져 굵은 체에 내린 후 검은 장, 기름, 후춧가루, 꿀을 잘 섞어서 반반한 목판에 화전처럼 펴고 잣가루를 뿌려 반건하는 육포였다. 편포가 소금 간을 하는데 비해 약포는 간장으로 간을 하고, 편포는 사각형의 방정한 모양으로 만드는데, 약포는 화전처럼 둥글게 만드는 것이 달랐다. 《규합총서》, 《시의전서》, 《부인필지》에 동일한 내용이 기록되어 있으며, 《규합총서》에는 노인에게 좋은 반찬이라 하였다. 말리기 위해 《규합총서》에는 넓고 반반한 잎에 꽃전처럼 펴서, 《시의전서》와 《부인필지》는 채반에 얇게 펴서 하라고 하였다. 《시의전서》에는 파와 마늘이, 《규합총서》와 《부인필지》에는 생강이 더 첨가되었다.

임자좌반은 이름 그대로 깨를 이용한 마른 찬이었다. 찹쌀가루에 실깨를 섞고, 후춧가루, 고춧가루를 넣어 전병처럼 반죽하고, 잣가루를 섞어 찐 다음 분가루를 놓아가며 얇게 밀어 썰어서 지졌다. 《규합총서》, 《술 빚는 법》, 《윤씨음식법》과 동일한 내용이었는데, 《규합총서》와 《윤씨음식법》에는 '… 후추, 천초, 고추 이 세 가지를 다 가늘게 작말하야 잣가루와 같이 넣고 …'라고 하였으나, 《음식방문》에는 '… 후추, 고추 세 가지를 다 가늘게 작말하야 조금씩 잣가루와 잘 섞어서 …'라고만 하여 천초가루가 누락된 것으로 생각된다. 《술 빚는 법》에서는 아예 후춧가루, 천초가루, 고춧가루가 없었다. 찹쌀반죽을 1차 찌고, 다시 얇게 밀고 썰어서 2차 튀기기를 하여 정성이 많이 들어가는 음식임을 알 수 있다.

다시마튀각은 다시마를 물에 불려 다시 반건하고, 찹쌀밥을 지어 다시마의 한 쪽 면에 밥알을 빈틈없이 붙여 말렸다가 기름에 튀긴 후 잣가루를 묻힌 마른 찬이다. 《규합총서》의 내용과 동일하였다. 마른 다시마는 물에 불려 미끄러운 점액질을 씻어내고 다시 말려야 찹쌀밥알이 잘 묻고, 밥알도 뜨거울 때 붙여야 작업이 용이하므로 그 비법을 상세히 서술하였다. 《규합총서》에는 좋은 찹쌀을 체로 티를 가려서 밥을 되게 지으라고 하였다. 파래나 감태는 물에 불려 얇고 반반하게 모양을 만들어 말렸다가 지지서 쓰고, 미역은 물에 불려서 다듬어서 통잣을 싸매서 지져 자반으로 만들었다. 미역자반은 다시마로 하는 매듭자반과 같은 형태이다. 《규합총서》와 《술 빚는 법》에도 동일한 내용이 기록되어 있었다.

전복다식은 전복을 물에 불려 곱게 갈아서 가루를 낸 후 다시 축여서 다식판에 찍어 마른 찬으로, 노인들의 찬합에 쓰라고 하였다. 《부인필지》에도 동일한 내용으로 기록되어 있었다. 마른 전복을 갈아 먹기 좋게 다시 뭉쳤으니 이가 부실한 노인들의 간식이나 찬으로 좋고, 보양이 되는 효과도 있었을 것으로 생각된다.

⑫ 침채류로 전복침채, 동치미, 생치김치, 장김치, 동아섞박지, 섞박지의 총 6종이었다. 전복침채는 전복을 주머니처럼 만들어 유자껍질과 배를 넣고, 소금물을 붓고, 생강과 파 등을 넣은 침채였다. 《규합총서》와 《부인필지》에 동일한 내용이 기록되어 있다. 두 책에는 먼저 전복을 물에 불려 저미는 과정이 설명되어 있으나, 《음식방문》에서는 빠져 있고, 함께 넣는 재료에 무도 생략되어 있다. 동치미 담그는 법에서도 당연히 있어야 하는 무가 생략되어 있으므로 전복침채에서도 같이 이해하면 될듯하다.

동치미는 연한 오이 절인 것과 배, 유자, 생강, 고추, 파, 마늘, 청각, 천초 등을 넣고 소금 간을 맞추어 담는데 먹을 때 꿀(백청)을 타고, 석류알과 통잣을 띄운다고 기록되어 있었다. 《규합총서》, 《주식시의》, 《부인필지》와 동일한 내용이었다. 그러나 《음식방문》에는 '잘고 모양이 어여쁜 무를 꼬리째 정하게 깎아 간 맞추어 절인다. 하루 지나다 절거든 정하게 씻어 독을 묻고 넣는다.'라는 무를 절이는 내용이 빠져 있고, '동치미를 담글 때'라고 표현을 대신하고 있다. 이렇게 담근 동치미는 《음식방문》, 《규합총서》, 《주식시의》, 《부인필지》 모두에서 생치김치와 냉면을 만들 수 있는 기초가 되었다.

생치김치는 동치미의 기술 부분에 꿩고기를 냉수에 고아 기름기를 없애고 살코기를 찢어 얼음을 같이 채워 동치미국물을 섞는다고 하였다. 《규합총서》와 《주식시의》에는 꿩고기를 백숙으로 고라 했으나, 《음식방문》에서는 '냉수에 곤다'라는 것이 달랐다.

장김치는 여름철의 김치로, 어린 외는 살짝 데치고 무와 배추 이 3가지를 장에 절여 숨을 죽인 후 파, 생강, 전복, 청각, 마늘, 고추 등을 함께 넣고 좋은 간장을 부어 담근 김치였다. 생복이나 전복을 넓게 저민다고 한 것으로 보아 생전복을 사용하기도 하고 마른 전복을 불려서 사용한 것으로 보인다. 또 전복이 없으면 조개를 혀만 베어 대신 넣어도 좋다고 하였다. 《규합총서》의 장짠지, 《주식시의》와 《시의전서》의 장김치와 같은 내용이었다. 단 《규합총서》에는 송이가, 《음식방문》에는 마늘이 들어간 것이 달랐다. 또 《규합총서》에는 전복 대신 건합혀를 넣지만, 《음식방문》에서는 조개혀라고만 하였다. 그러나 마른 조개혀일 것으로 생각된다.

동아섞박지는 동아의 꼭지를 베어 그 안의 속을 파내고 조기젓국을 가득 부어 청각, 파, 마늘, 생강, 고추 간 것을 넣고 동이 뚜껑을 다시 덮고 한지로 잘 싸서 봉해 두었다가 겨울에 열어 맑은 국이 괴었을 때 먹는 침채였다. 동아는 서리를 맞고 분빛 같은 상하지 않은 것을 사용하라 당부하였다. 동아가 곧 항아리 역할을 하므로 상처가 없는 온전한 것이 필요하였으리라 생각된다. 먹을 때는 국물을 쏟고, 동아를 썰어 먹는다. 《음식디미방》, 《규합총서》, 《주식시의》 모두 같은 내용으로 기록되어 있었다.

섞박지는 절인 무와 배추, 여름철에 절여둔 오이, 가지, 동아를 이용하여 조기젓, 준치젓, 밴댕이젓, 생복, 소라, 낙지 같은 해물을 넣어 담그는 김치로 청각, 파, 나물, 고추, 생강 등을 항아리에 켜켜로 함께 넣고 조기젓국과 굴젓국을 가득이 부어 두껍게 싸매어 익힌다. 《규합총서》에도 같은 내용이 기록되어 있었다.

표 4 찬물류의 종류와 조리법

분류	음식명	조리법	비고
국	완자탕	생선의 껍질과 뼈 없애기 → 살을 곱게 다지기 → 후추, 생강, 파, 표고, 유장을 합하여 주무르기 → 밤알만큼씩 환을 빚어 가운데 잣 하나씩 넣기 → 달걀이나 녹말을 씌우기 → 장국에 끓이기	
	왕배탕(자라탕)	자라는 뽕나무에 고면 쉽게 무른다.	세발 가진 자라는 매우 독하니 먹지 않는다.
	되조미탕	그 살을 상육 사와 같이 하기 → 그릇을 달이기 → 기름 쳐 잠깐 볶기 → 장국 알맞게 하기 → 잣가루, 후춧가루 넣기	늦은 봄에는 깻국에도 한다.
	메기탕	메기는 물을 끓여 튀할 때에 호박잎으로 문질러 검고 미끄러운 액 없애기 → 고추장에 꿀 기운 약간 있게 넣기 → 끓이기	
	화돈(복어탕)	① (하돈의) 배를 타서 세로와 가로의 핏줄을 칼로 세세히 실 같은 것도 없이 하기 → 물에 여러 번 빨기 → 등마루를 쪼개어 젖히기 → 바둑돌 같은 것으로 여러 번 두드려 피 기운도 없애기 → 살은 깨끗하게 씻어서 토막 내기 ② 노구 달구기 → 기름을 많이 부어 끓이기 → 끓거든 생선을 넣기 → 미나리 많이 데쳐 넣기 → 깻국에 무르녹게 오래 끓이기 이리는 독이 없으니 넣고 백반 한 조각 넣어 끓인다.	감동젓(곤쟁이젓)과 흰 새우젓은 해독을 해준다. 대가 검게 될 것이니 젓가락으로 먹지 말고 부지깽이도 댓가지로 하지 말아야 한다. 그을음이 검게 나므로 솥을 바깥에 걸고 익힌다.
	추포깻국탕	① 추포는 물에 불리기 → 썰기 ② 닭국물+깻국 → 걸러 합하기 ③ ①+② 섞기	여름에 쓰면 담이 삭고 연계찜에 넣어도 좋다.
찌개	어물 지지는 법	장국 끓이기 → 생선 넣기(술을 조금 치면 뼈가 연하기가 분 같아진다)	백봉선화씨와 살구씨를 넣어 같이 끓여도 뼈가 무르다.
전골	승기악탕	살찐 진계의 머리와 다리 없애기 → 내장을 꺼내 손질하기 → 닭 속에 술 1잔, 기름 1잔, 좋은 초를 쳐서 죽침으로 꿰기 → 박고지, 표고, 파, 제육 기름기를 썰어 많이 넣기 → 달걀을 까서 넣고 금중탕을 만들 듯 하기	이것이 왜관 음식으로 '기악보다 낫다'라고 하는 것이다.
	열구자탕	꿩고기, 진계, 해삼, 전복, 양, 천엽, 부화, 곤자소니, 골, 돼지고기, 도라지, 순무, 미나리, 파, 박고지, 대하, 표고, 생선 다 방정하게 가름가름 잘게 썰기 → 기름 쳐 지지기 → 골, 생선, 미나리는 달걀 씌워 전으로 지지기 → 이 모두를 그릇에 담기 → 생선은 빛이 고운 것으로 하고, 달걀은 황백색으로 전유어 같이 부쳐 썰기 → 꿩고기소를 양념하여 찹쌀조악을 잘게 빚어 생치소를 넣어 지지기 → 각색 것을 색 있게 찬합에 넣듯 옆옆이 담기 → 게전유어 부치기(달걀을 황백색으로 빛 곱게 붓기) → 게 검은 장에 달걀 조금 섞기 → 기름, 소금 쳐 부치기 → 귀나게 베어 썰기 → 위에 좋은 흰 떡 얇게 썰기 → 가는 국수 3~4치 길이로 자르기 → 조악과 함께 담았다가 열구자탕을 그릇에 붓기 → 끓거든 흰떡과 국수와 조악을 한데 넣어 끓여내기 → 후춧가루 뿌리기	돼지고기가 많아야 좋다. 모리가 쓰이지 않았으니 고기 모리하여 달걀에 지져 쓴다.
찜	증돈법	(술안주로 하려면) 돼지고기 머릿속에 쇠고기를 다져 넣기 → 맛있는 새우젓국 바르기 → 찌기 → 후춧가루 뿌리기	
	돼지새끼집찜	돼지새끼집 무르게 삶기 → 1마디씩 베어내기 → 돼지고기와 쇠고기 가늘게 다지기 → 온갖 양념하기 → 메밀가루에 잘 섞기 → 소 넣기 → 닭고기, 꿩고기, 전복, 해삼, 나물 썰어 넣기 → 깨소금과 유장으로 간 맞추기 → 찜하기	

(계속)

분류	음식명	조리법	비고
찜	아저찜	아저 깨끗하기 씻기 → 그 뱃속에 양념 갖추어 넣기 → 찜하기 돼지를 튀하기 → 통으로 큰 솥에 넣기 → 파, 나물, 미나리를 그 속에 많이 넣기 → 무르녹게 삶기 → 뼈 바르기 → 살은 잘게 찢기 → 비계와 내장은 썰기 → 파는 1치씩 썰고, 무는 마음대로 썰기 → 전복, 해삼, 표고, 박고지 썰고 생강, 파 다져 넣기 → 유장, 깨소금 넣어 잘 섞기 → 큰 합에 중탕하여 익히기 → 달걀 황백지단을 가늘게 채쳐 후추, 잣가루와 뿌리기 → 겨자 곁들이기	새끼 밴 돼지의 새끼집, 맛이 절미하나 얻기가 쉽지 않다.
	생선찜(붕어찜)	큰 붕어의 비늘 거스리기 → 씻기 → 등마루를 쪼개어 속 꺼내기 → 만두소처럼 양념하기 → 고기소하여 속에 넣기 → 좋은 초 두어 숟가락을 치기 → 붕어 입 가운데 백반을 조금만 쪼개어 넣기 → 녹말 묻히기 → 노구솥에 물 조금 붓고 유장 알맞게 치기 → 아주 약한 불로 끓이기 → 밀가루와 달걀 풀기	
	게찜	게 누른 장과 검은 장을 긁기 → 황장(누른 장)은 달걀에 섞기 → 유장 맞추어 갖은 양념 등속을 넣어 잘 섞기 → 굽 없는 놋그릇에 담아 중탕하기 → 반만 익거든 검은 장에 기름 쳐 그 위에 고루 발라주기 → 다시 중탕하기 → 꽤 익거든 저미기 → 즙국 만들어 얹기 → 달걀 황백색으로 나눠 부쳐 위에 뿌리기	
	게 찌는 법	게+감꼭지 대여섯 개 → 찌기	빛이 푸르다.
	송이찜	송이 껍질 벗기기 → 줄기 도려내어 벗기기 → 우리기 → 얇게 저미기 → 쇠고기, 돼지고기 곱게 다지기 → 각색 양념하기 → 잘 섞기 → 크기는 임의로 하고 송이 저민 것으로 소를 덮어 싸기 → 밀가루 묻히기 → 달걀 씌워 지지기 → 국을 꾸미 많이 하기 → 끓이기 → 송이 지진 것을 넣기 → 한소끔 끓이기 → 가루 죽 잠깐 타기→ 달걀을 두 가지로 부쳐 넣기 → 후추, 잣가루 뿌리기	
	양찜	양깃 얇게 저미기 → 소금기 넣어서 주무르기 → 미찜(해삼찜)의 소하듯이 하여 그 양을 싸기 → 겉을 (밀)가루 묻히기 → 달걀 씌워 지지기 → 즙 하기 → 달걀 풀기	
	봉총찜	꿩 껍질이 상하지 않게 깨끗하게 털 뽑기 → 사각 뜨기 → 다리 껍질을 통으로 자루처럼 벗겨 제치기 → 아랫마디 뼈만 두고 윗마디는 베어내기 → 살 긁기 → 다른 생치 살과 황육을 섞어 두드려 심줄 없게 하기 → 생강, 파, 후춧가루 섞기 → 유장 섞어 주무르기 → 소반 위에 펴기 → 큰 꿩 모양으로 만들기 → 제 껍질과 다리 아래 뼈를 없애지 않고, 다시 씌워 모양(원래대로 생치다리) 만들기 → 나물과 각색 양념을 넣기 → 가루즙 만들기 → 찜하기	
	증구법	살찐 개를 법대로 잡아 씻지 않기 → 창자는 깨끗하게 씻기 → 청장에 고추 섞기 → 기름, 깨소금, 고춧가루, 미나리, 파와 함께 삶기 → 나물은 반쯤 익혀 넣기 → 솥뚜껑을 제쳐 덮고 물을 부은 후에 수건으로 테를 둘러 김이 나가지 않게 하기 → 끓는 소리가 들리거든 불을 잠깐 물리기 → 뚜껑 물을 푸고 찬물을 다시 부어 아주 약한 불로 때기 → 이처럼 불 때기를 3번 하기(고기가 무르고 뼈가 저절로 빠진다) → 고아내어 고기대로 섞고 칼을 대지 않고 내장은 썰기 → 간을 맞추기 → 삶은 국에 넣어 끓이기 → 양념을 갖추어 (밀)가루를 많이 풀기	견고한 나무로 하지 말고 빈 가마니 3닢만 하면 촉촉하다.
	칠향계	살찌고 묵은 진계 깨끗하게 튀하기 → 배를 가르지 말고 아래로 내장을 빼기 → 속을 깨끗하게 씻기 → 삶은 도라지 1줌, 생강 4~5편, 파 1자, 북천초 1자밤, 간장 1종자, 기름 1종자, 초 1반 종자 이상 일곱 가지를 닭 속에 넣기 → 남은 양념은 한 가지로 하기 → 항아리에 넣어 유지로 부리 동여매기 → 사기접시로 덮어 솥 가운데 수중기로 중탕하기	

(계속)

분류	음식명	조리법	비고
찜	메추리찜	메추리 껍질 상하지 않게 털 제거하기 → 머리와 내장 제거하기 → 깨끗하게 씻기 → 쇠고기를 가늘게 다지기 → 나물, 파, 미나리 약간, 표고, 송이, 죽순 말린 것 불리기 → 유장, 후춧가루 합하기 → 가루즙 약간 넣기	국을 바특하게 제 몸 젖을 만큼 하여야 좋다.
구이/적	붕어 굽는 법	숯불을 많이 피우기 → 불 위에 재를 얇게 덮고 붕어를 비늘 거스르지 말고 불을 쬐기(비늘이 말라 거스려질 것이다.) → 냉수를 바르면 일어나던 비늘이 도로 붙을 것이니 물 바르기를 그치지 않으면 비늘이 일어나다 붙기를 5~6번 하다가 발개깃으로 거꾸로 잡아 쑤시기 → 유장 발라 무르녹게 굽기	비늘이 자연히 다 떨어지고 맛이 자별해진다.
	봉총구이	꿩고기를 종이 위에 놓기 → 반숙(半熟)하기 → 유장 발라 굽기	
	설하멱	등심살을 넓고 길게 저미기(전골 고기보다 매우 두껍게 저미기) → 칼로 두드리기 → 잔금 내기 → 유장에 주무르기 → 숯불 피우기 → 재로 잠깐 덮기 → 굽기 → 냉수에 담그기 → 다시 굽기 → 3번 하기 → 다시 유장과 생강, 파, 후추, 양념 갖추어 바르기 → 굽기	눈 오는 날 찾는다는 말이다. 지금 '설이멱'이라 하는 것은 와전이다.
	생선 굽는 법	긴 적꼬치로 생선 입부터 비스듬히 찔러 꿰기 → 화로에서 멀리 들고 뒤적여 가며 덥게 쬐기 → 어즙이 스스로 입으로 흘러나올 것이니 그친 후에 토막 내기 → 굽기	맛이 자별하다.
	고기 굽는 법	참깨꽃을 말려 가루 내기 → 고기 위에 잠깐 뿌리기	기름이 흘러내리지 않는다. 산적도 이 법대로 하면 좋다.
	생치구이	백지에 물을 적셔 꿩고기를 틈 없게 싸기 → 굽기 → 반쯤 굽기 → 종이 벗기기 → 기름과 소금을 섞어 발라 굽기	
	제육구이	쇠꼬챙이로 돼지고기 큰 덩이를 꿰기 → 숯불에 비추어 굽기 → 속뜨물에 여러 번 담가 다시 굽기 → 대꼬챙이로 살을 골고루 찌르기 → 유장과 양념하여 바르기 → 굽기 → 저미기	이것이 중원에서 제육 굽는 방법이다.
	게 굽는 법	생 게장을 긁어 그릇에 담기 → 게딱지와 발은 칼로 두드리기 → 체에 걸러 즙내기 → 검은 장 섞고 생강, 파 가늘게 두드리기 → 후춧가루 넣기 → 달걀 섞기 → 녹말이나 밀가루 조금 넣어 한데 합하기 → 대통 밑 마디가 뚫리지 않은 것으로 쪼개어 다시 맞추고 노끈으로 틈 없이 동여매기 → 게즙 붓기 → 부리 막기 → 익게 삶기 → 동여맨 것을 풀고 대를 갈라 빼내기 → 마음대로 썰기 → 꼬치에 꿰기 → 유장 발라 굽기	맛이 아름답고 좋다. 성가시고 귀찮다면 아무 그릇에나 담아 찌거나 중탕하거나 하여 굽는다.
	신검채(산적)	봄에 연한 줄기를 가진 신검채를 데치기 → 껍질 벗기기 → 안심살 산적에 섞어 꿰기 → 양념즙 발라 굽기	겨울에 흰 움을 생치에 섞어 꿰어 구우면 좋다.
	참새고기(구이)	소금 기름 바르기 → 굽거나 지지기	참새고기는 지령을 바르면 맛이 좋지 못하다.
느르미	제육느르미	돼지고기의 뼈를 빼되 기름진 대로 얇게 백지 같이 저미기 → 만두소처럼 하여 넣기 → 녹말 묻히기 → 적 곳의 가를 결어 잠깐 지지기 → 느르미즙 얹기	반찬에 쓴다.
채	죽순채	죽순 얇게 저며썰기 → 데쳐서 담그기 → 고기, 생치 많이 두드려 넣기 → 표고, 석이, 파, 후추 양념 갖추고 기름 많이 치기 → 밀가루를 조금 넣고 볶기	먼 데서 절여 온 것이거든 여러 날 거듭 담가 퇴염하여 쓴다.
선	동화선	서리 맞은 동화 센 껍질 벗기기 → 속을 모두 긁기 → 단단한 살만 두께는 도독하게 하고 가장자리는 화전 같이 둥글게 저미기 → 오이생채만큼 절이기 → 물에 씻기 → 보자기에 잘 싸 놓기 → 노구솥을 달궈 기름 많이 쳐 잠깐 볶기 → 겨자즙에 담그기 → 하룻밤 지나 쓰기	여러 날 두어도 좋다. 좋은 연한 배추도 같은 모양으로 만들어 섞어도 좋다. 동화를 동그랗지 않고 호박나물 같이도 만든다.

(계속)

분류	음식명	조리법	비고
회	위어회	웅어 풀잎 같이 저미기	종이 위에 놓아 기름과 물기가 다 종이에 밴 후에 회를 쳐야 좋다.
족편	족편	(족 고을 때)기름 하나도 걷어내지 말고 농란하게 고으기 → 체에 밭치기 → 편평한 그릇에 얇게 펴고 어리기 → 삶은 꿩고기를 곱게 다지기 → 후추, 잣가루, 유장, 생강, 파를 섞어 잠깐 볶아 한 벌 펴기 → 그 위에 족 고은 것을 또 펴기(두께를 알맞게 하기) → 달걀 황백 지단 채, 붉은 고추채, 잣가루, 후춧가루 뿌리기 → 어리거든 베기	
젓갈/식해	게젓	수유잎을 누르는 가운데에 넣으면 해가 오래 묵어도 된다.	
	염해법(鹽蟹法)	소금물 아주 짜게 끓여 식히기 → 게를 씻어 물기 없애기 → 항아리에 담기 → 소금물을 게 잠기게 붓기 → 천초 넣기 → 말린 잎으로 위를 막고 나무로 둘을 가로지르기 → 이튿날 염탕을 도로 따라 다시 끓여 식혀 붓기 → 익히기	익은 후 먹으면 맛이 좋고 오래 두어도 상하지 않는다. 게젓에 꿀이 상극이니 많이 치지 말고 불을 비추면 장이 삭고 곯기가 쉬우니 혹 밤에 낼 때도 불을 일절 비추지 않는다.
	청어젓	청어를 발 위에 펴기 → 소금을 약간 펴 켜켜이 돗자리 덮기 → 밤재워 어즙 빼기 → 즉시 독에 소금과 청어를 켜켜이 놓아 담기	해 묵어도 머리가 떨어지지 않고 좋다. 넣을 때 청어 눈이 한데 닿게 하지 않는다.
	연안식해	큰 조개를 똥 없게 깨끗하게 까기 → 속살을 뜨물에 깨끗하게 씻기 → 베수건에 깨끗이 짜서 물기 없애기 → 바람에 널어 약간 말리기 → 좋은 쌀 깨끗이 껍질 벗겨 밥 짓기 → 엿기름가루 만들어 넣기 → 천초 넣기 → 사기 항아리에 법대로 담기 → 좋은 대추 10개 남짓과 잣 반 줌만 넣어 담그기 → 3~4일 후 조개 익은 빛이 붉어진 후에 쓰기	담글 때 기름과 소금을 약간 넣으면 좋다. 조개를 흡 넣어도 좋다.
마른 찬	민어포	가을 민어 두껍게 포 뜨기 → 말리기	광어보다 맛이 좋다.
	진주좌반	연한 쇠고기 얇게 저미기 → 곱게 다지기 → 번철에 볶기 → (고기가 반만 익어 누런즙이 빠지면) 진한 장, 식초, 기름을 많이 치고, 꿀 조금 치기 → 볶기 → 통깨 볶은 것 넣기 → 달이기 → 후추 넣기	
	편포	연한 고기 기름진 것을 심줄 없이 곱게 다지기 → 소금 알맞게 넣기 → 기름 치기 → 후추, 천초가루, 깨 껍질을 벗겨 볶아 넣기 → 잣가루 넣기 → 주물러 모양을 방정히 하기 → 겉에 기름 조금 발라 말리기	
	약포	연한 고기를 기름기 없게 하여 곱게 다지기 → 굵은 체에 걸러 심줄 없게 하기 → 기름, 검은 장, 후춧가루, 꿀을 기운만 있게 하여 잘 섞기 → 반반한 목판에 화전처럼 펴기 → 잣가루를 뿌려 반건하기	
	임자좌반	찹쌀가루 가늘게 쳐 전병 반죽만큼 하기 → 껍질 벗긴 깨를 볶아 많이 넣기 → 검은 지령 알맞게 치기 → 후추, 고추를 곱게 가루 내어 조금씩 잣가루와 잘 섞기 → 매우 익게 찌기 → 분가루를 넣어가며 얇게 밀기 → 썰기 → 전 지지기	
	다시마튀각	다시마를 물에 불리기 → 다시 반 정도 말려서 미끄럽지 않을 만큼 말리기 → 좋은 찹쌀밥 되게 짓기 → 더운 상태로 한 알씩 뜨기 → 다시마를 반듯반듯 하게 베기 → 밥알을 빈틈없이 박아 볕에 놓기 → 강반 같이 되거든 기름에 띄워 지지기 → 밥알이 묻은 편에 꿀 바르기 → 잣가루 묻히기	
	파래·감태자반	파래나 감태를 물에 불리기 → 얇고 반반하게 만들기 → 가위로 둥글거나 모나게 베기 → 기름에 지지기	
	미역자반	미역을 물에 불려 다듬기 → 마디마다 통잣 싸매기 → 지지기	

(계속)

분류	음식명	조리법	비고
마른 찬	전복다식	전복을 흠뻑 속까지 무르게 축여 얇게 깎아 말리기 → 가루 내어 수건에 치기 → 가루를 다시 축이기 → 다식판을 전복 모양 같이 만들어 박아내기	노인들의 찬합에 쓴다.
침채	동치미	연한 오이 절이기 → 좋은 배와 유자껍질을 벗기고 썰지 않고 넣기 → 생강 얇게 저미기 → 고추, 파, 마늘, 청각, 천초를 갖추어 썰어 넣기 → 소금물을 간(鹹淡) 맞추어 가득 붓기 → 두껍게 싸기 → 익히기	먹을 때 유자와 배를 썰고 국에 백청을 타고 석류알과 통잣을 띄워 먹으면 좋다.
	생치김치	좋은 생치를 냉수에 고으기 → 기름기 없애기 → 얼음 같이 채와 김칫국에 잘 섞기 → 생치살도 찢어 섞기	동치미법에 속한다.
	동아섞박지	동아 위를 얇게 베기 → 손 넣어 씨와 속을 모두 긁어내기 → 조기젓국을 가득이 붓기 → 청각, 파, 마늘, 생강, 고추를 잘라 넣기 → 절구에서 가루가 되게 찧기 → 넣기 → 베어낸 딱지를 다시 덮기 → 종이로 틈 없게 발라 덮는 것도 아니고, 여는 것도 아니게 두기	동아는 매우 크고 한 곳도 상하지 않은 것을 설이 임박하여 따 분빛 같은 것으로 한다. 섞박지를 담가 겨울에 열어보면 맑은 국이 가득히 괴어 있을 것이니 깨끗한 항아리에 국을 쏟고 동아를 썰어 담아 두고 먹으면 그 맛이 절미하다.
	장김치	(여름에) 어린 오이 잠깐 데치기 → 무와 배추 3가지를 장에 절이기 → (숨이 죽거든) → 파, 생강을 썰기 → 생복이나 전복을 넓게 저미기 → 마른 청각, 마늘, 고추 양념을 넣기 → 좋은 간장과 꾸미를 많이 넣기 → 물을 알맞게 타 붓기 → 익히기	전복이 없거든 조개를 혀만 베어 대신 넣어도 좋다.
		오이 속을 내고 잠깐 볶기 → 고기를 가늘게 다져 생강, 파 다져 유장 맞추어 볶기 → 잣, 후추 가루를 섞어 볶은 오이 속에 소를 넣기 → 부춧잎으로 빠지지 않게 동여매기 → 생강, 파, 부추, 고추 양념 갖추어 장국을 꾸미 많이 넣어 간 맞추기 → 달여서 차갑게 식힌 후 붓기 → 익은 후에 쓰기	모든 김치는 물을 끓였다가 부어야 골마지가 끼지 않는다.
	섞박지	(가을, 겨울 사이에 김장할 때) 껍질이 얇고 속이 비고 크고 연한 무를 넣고 짜지 않게 잠깐 절이기 → 좋은 배추와 갓을 각각 절이기 → 4~5일 만에 맛있는 조기젓, 준치젓, 밴댕이젓을 좋은 물에 담그기 → 무를 썰 때, 둥글고 넓기는 임의대로 하기 → 배추는 적당히 썰어 물에 담기 → 오이(여름에 오이 절일 때)는 소금물을 끓이기 → 더운 상태로 붓기 → 오이를 김치 담기 수일 전에 내어 물에 담가 퇴염하기 → 가지는 잿물 받친 재를 말려 켜켜이 묻어 봉하기 → 땅에 묻어 두기(갓 딴듯하다.) → 섞박지 담는 날 내어 물에 담기 선동아 껍질 벗기지 말고 속만 긁어 없애기 → 젓들을 비늘 거스르고 생복, 소라, 낙지 깨끗하게 씻기 → 무, 배추를 광주리에 건져 물 빼기 → 물이 빠진 후에 독을 땅에 묻기 → 무, 배추를 한 벌 넣고 젓 한 켜 넣기 → 청각, 파, 마늘, 고추, 생강 등을 위에 많이 뿌리기 → 나물 넣기 → 켜켜이 떡 안치기 → 국이 넉넉하게 들게 하기 → 절인 배춧잎과 벗긴 무 껍질로 위를 두껍게 덮기 → 나뭇가지 위를 가로질러 누르기 → 젓 담았던 물이 적거든 맛있는 조기 젓국과 굴젓국을 타서 가득이 붓기 → 두껍게 싸매어 덮어 익히기	날이 더운 때 하면 국이 쉬고 뜨뜻하여 좋지 못하다. 무, 배추를 절인지 3~4일 만에 담되, 방문을 어기지 않아야 좋다. 동 녹이 쓴 돈을 넣거나, 그릇 닦은 수세미를 많이 넣거나 하여 두면 푸르고 싱싱해진다. 섞박지가 익어 쓸 때에 껍질을 벗기면 그 빛이 옥과 같다.
	전복침채	전복을 얇게 저며 주머니처럼 만들기 → 유자 껍질과 배를 가늘게 썰어 주머니에 넣기 → 소금, 물 약간하여 생강, 파 등을 넣어 김치 담그기	본래 방문의 방법은 이러하되 맨 전복만 하면 좋지 않다.

3) 떡류

떡은 표 5와 같이 총 13종이었다. 그중 찐 떡이 6종, 친 떡이 4종, 지진 떡이 3종이었다. 삶아서 만드는 떡은 없었으나, 음청류인 원소병을 만들 때 찹쌀경단을 삶아서 하였으므로 당시 찌고 치고 지지고 삶아서 만드는 다양한 방법으로 떡이 제조되었음을 알 수 있었다. 찹쌀을 이용한 찰떡은 혼돈병, 감저병, 잡과병, 석이단자, 유자단자, 승검초단자, 토란병, 국화전이었고, 복령조화고, 백설고, 석이병, 증편은 멥쌀로 만든 메떡이었다. 석탄병은 멥쌀가루와 찹쌀가루를 반씩 섞어서 만들었다. 석이가루에 멥쌀가루를 섞어 만들면 석이병, 찹쌀가루를 섞어 만들면 석이단자가 되었다. 권전병은 메밀가루가 주재료였다.

① 찐 떡은 혼돈병, 감저병, 복령조화고, 백설고, 석탄병, 증편이 기록되어 있었다. 《음식방문》은 혼돈병으로 처음 시작이 되고 있으나, 《규합총서》에 기록된 혼돈병과 비교했을 때 '출굴ᄂᆡ 싱청 버므려 당귀ᄀᆞ로 삼분지 일만 석고, 계피말 두돈, 호쵸말 흔돈, 건강 오푼 너허 굵게 ᄆᆞ은빗ᄌᆞ 흔홉과 갓치'를 제외하고는 그 내용이 동일하여 앞장의 기록이 누락된 것으로 판단된다. 떡이 쪼개지는 것을 방지하기 위해 윗고물 위에 다시 찰가루를 덮어 찐 다음 다 익으면 걷어내고 방울방울 베어내라고 하였다. 감저병은 감저가루에 찹쌀가루를 섞어 찐 떡이다. 《규합총서》의 남방감저병, 《시의전서》의 감저병, 《주식시의》의 감저단자와 동일한 내용이었다. 감저(甘藷)는 고구마이다. 남쪽에서 도입되었다고 하여 남저(南藷), 남방감저(南方甘藷)라고도 하였다. 복령조화고는 멥쌀가루에 백복령가루와 연자육가루, 산약가루, 능인가루 같은 약재를 섞어 찐 떡이다. 《규합총서》와 동일한 내용이었다. 《규합총서》 영평사본에서는 '복령조화고' 대신 '복령병'이 기록되어 있었는데, 백복령가루와 멥쌀가루를 반씩 섞고 설탕을 섞어 백설기 찌듯 하는데, 위에 계피와 잣가루를 많이 뿌려서 찌면 맛이 아름답고 사람에게 보익하다고 하였다.

백설고는 멥쌀가루에 산약초가루, 연육가루, 능실가루, 설탕을 섞어 찐 떡이었다. 《규합총서》와 동일한 내용이었는데, 능실 대신 검인으로 기록되어 있다. 요즘 멥쌀가루에 설탕만을 섞어 흰색으로 찌는 떡과는 달랐다.

석탄병(惜呑餠)은 한자명 그대로 삼키기 아까운 떡이라 설명하였다. 감가루에 찹쌀가루와 멥쌀가루를 반반씩 섞고, 설탕, 민강, 귤병을 무떡하듯 섞은 후 찔 때 잣가루, 계피가루, 채썬 대추와 밤을 고물로 뿌려 찐 떡이었다. 《규합총서》의 내용과 동일하였는데, 떡을 찔 때 《음식방문》에는 백지를 덮어 찌는데 비해 《규합총서》에는 다른 가루를 덮어 찐다고 하였다. 이것은 뜨거운 김이 잘 올라 떡이 잘 쪄지고, 고물이 떡에 잘 붙어 있는 효과가 있을 것으로 생각된다.

증편은 멥쌀가루에 탁주를 넣어 발효시킨 후 계피, 건강, 후추를 넣은 소를 넣고 다시 발효된 쌀 반죽으로 위를 덮어 쪄낸 기주떡이다. 다 찐 떡을 소를 살려 모양을 떠낸 방울증편이다. 발효를 위해서는 저자에서 파는 술을 이용하지 말고, 떡을 만들기 이틀 전 직접 술을 빚어서 할 것을 당부하고 있다. 고물로는 대추와 잣을 박았다. 발효의 힘을 탁주에만 의존하여 떡을 만드는 것도 어려운데, 소를 넣고, 더구나 방울증편의 형태로 만드는 것은 당시 떡 제조기술의 발달 정도를 가늠케 한다.《규합총서》에는 고명으로 건시를 함께 썼고, 승검초가루를 넣어 푸르게 하는 법도 소개되어 있다.

② 친 떡은 잡과병, 석이병, 승검초단자, 유자단자가 기록되어 있었다. 잡과병은 찹쌀가루를 구멍떡으로 익히고 밤, 후추, 계피, 꿀을 섞은 소를 넣은 후 머리털처럼 곱게 썬 곶감과 대추를 묻힌 떡이다.《규합총서》의 잡과편과 내용이 동일한데, 황률가루로 소를 만든 것에 비해《음식방문》은 삶은 밤가루로 하는 법이 달랐다. 석이병은 석이가루를 물에 불려 찹쌀가루를 섞어 만드는데 빛이 유활하고 기이하다고 하였다.《규합총서》와 내용이 같으나,《음식방문》에는 주재료로 멥쌀가루와 찹쌀가루로 달리할 수 있음을 적었고, 멥쌀가루에 섞을 때는 승검초를 섞듯 하면 좋다고 한 내용이 추가되어 있었고, 밤과 대추도 재료로 추가되어 있었다. 승검초단자는 찹쌀가루에 승검초생잎을 함께 절구에 찧은 후 쑥구리처럼 삶아 팥소를 넣은 후 잣가루에 묻힌 떡이었다.《규합총서》와 동일한 방법이었다. 쑥구리에 대한 구체적인 만드는 법은 기록되어 있지 않았으나, 본문의 내용으로 보아 쑥구리는 쑥잎을 찹쌀가루와 섞어 찧고 반죽하여 삶은 후 고물을 묻히는 떡임을 짐작할 수 있다.

유자단자는 찹쌀가루에 유자(柚子)가루, 다진 곶감, 당귀가루, 꿀을 섞어 찐 다음 밤소를 넣어 볶은 꿀팥소를 묻힌 떡이었다.《규합총서》의 유자단자와 같은 내용이었으나,《규합총서》에는 황률을 삶아 소로 이용한데 비해,《음식방문》에는 그냥 밤을 삶아 한다고 하였고,《규합총서》에서 볶은 거피팥고물을 사용하는데 비해 그냥 팥고물이라고만 기록되어 있었다.

③ 지진 떡은 토란병, 권전병, 국화전이 기록되어 있었다. 토란병은 삶은 토란과 찹쌀가루를 섞어 참기름에 지진 떡으로《규합총서》의 기록과 동일하였다. 권전병은 메밀가루를 설탕과 꿀을 넣어 반죽하여 지진 떡이다. 연잎 모양으로 빚으면 권전병(捲煎餠), 동글게 빚으면 송풍병(松風餠)이라 하여 빚는 모양에 따라 이름을 달리하였음을 알 수 있다.《규합총서》에 동일한 내용이 기록되어 있다. 국화전은 찹쌀가루에 꽃술을 없앤 국화꽃잎을 섞어서 지진 떡이다. 국화의 향도 좋지만 노란 색이 아름다워 편의 웃기로 사용되었음을 알 수 있었다.《규합총서》에도 기록이 되어 있는데 냉수로 반죽하면 빛이 누르고 기름이 많이 드니 소금물을 끓여서 반죽하라는 비법이 기록되어 있다.

표 5 떡류의 종류와 조리법

분류	음식명	조리법	비고
찐 떡	혼돈병	□□□□□□□□□□□□□□(앞부분 유실) → 보자기 깔기 → +꿀, 팥, 계피, 후춧가루를 알맞게 넣어 보자기 위에 펴기 → 떡가루를 두둑하게 펴기 → 밤을 삶아 찧은 것에 양념하기 → 소를 밤만큼 두껍게 위를 덮기 → 대추, 밤, 잣을 방울마다 빈 틈 없게 박기 → 붉은 꿀팥 두껍게 뿌리기 → 그 위에 가루를 덮기(그래야 터지질 않는다) → 보자기로 위를 싸매어 시루에 익게 찌기 → 위를 덮은 것을 걷어 버리고 방울방울 베어 쓰기	이 혼돈병은 두텁떡과 본래 같으나 양념을 좀 더한다.
	감저병	고구마를 껍질째 씻어 말리기(감저가 마른 후 바람을 쏘이면 맛이 덜하니 왼이로 말려 임시하여 가루 내기) → 가루 내기 → 찹쌀가루를 섞어 떡하기	달기가 꿀 섞은 것보다 더 달다.
	복령조화고	연육, 산약, 능인 각 10냥을 1근을 곱게 가루 내기 → 백미 2되를 가루 내어 섞기 → 시루에 안치기 → 대칼로 끊어 조각나게 하여 찌되 보자기를 덮어 찌기	나무 뚜껑으로 덮으면 익지 않는다. 혹 말려서 의이 쑤어 먹는다.
	백설고	백미 1승 가루 내기 → 산약초, 연육 거심, 능실 각 4냥을 아주 곱게 가루 내기 → 설탕 1근반을 가루 내어 섞기 → 찌기	극히 맛이 아름답고 몸에 보익하다.
	석탄병	익고 무르지 않은 감(水柿) 껍질 벗기기 → 생률을 치듯 (껍질을) 깎기 → 가루 내기 멥쌀가루, 찹쌀가루 반씩 섞기 → 설탕가루를 많이 섞기 → 귤병과 민강을 얇게 저며 무떡 섞듯 안치기 잣가루, 계피가루, 대추, 밤 삶은 것을 채처럼 가늘게 썰기 → 위에 가득히 흩어 백지로 덮기 → 찌기	석탄병은 감열한 맛이 삼키기 아깝기 때문에 석탄병이라고 한다.
	증편	백미를 여러 번 씻기 → 물에 담가 밤새 재워 건지기 → 냉수를 끼얹어 가루 내어 깁체에 치기 → 고부지게 끓이기 → 끓인 물로 송편만큼 반죽하기 탁주를 냉수에 술맛 있게 타기 → 그 반죽한 것을 가운데를 헤치고 다섯 되를 하거든 참기름 1푼 정도 넉넉히 치기 → 망울 없이 치기 → 맛이 시큼하여 술 맛이 나고 손으로 반죽을 집어 들었을 때 천천히 떨어지거든 유지와 보자기를 싸매어 따뜻하고 잔잔한 바람이 있는 방에 놓기 → 만든 기주가 일어나거든 꿀팥 속에 계피, 건강, 후춧가루를 넣어 축축하게 볶아 소를 쥐기 좋을 만큼 볶아 가름가름 많이 만들어 놓기 → 안칠 때에 보자기를 펴고 보자기 위에 작은 밤만큼 만들어 둔 떡을 방울 홉 수대로 줄지어 떠 놓기 → 위에 소 쥔 것을 차례로 놓기 → 위를 덮기는 남은 떡을 다른 그릇에 담고 냉수 쳐 개기 → 된 의이만큼 하여 숟가락으로 소마다 위에 떠 얹기(너무 되면 잘 내려가지 않고 너무 묽으면 팥소가 잘 덮이지 않을 것이니 묽고 되기는 떨어 쳐 보아가며 빈틈없이 보자기 바닥이 들어나지 않게 떠 얹어 소 들어가는 데는 더 떠 얹기) → 대추 속을 긁어 채 같이 썰기 → 잣 쪼개기 → 소방선대로 세워 박고 위에 잣 하나씩 박기 → 보자기로 떡을 닿지 않게 덮기 → 대추 빛이 검도록 익게 찌기 → 냉수 약간 끼얹거나 말거나 하여 참기름 발라 베어 쓰기	기주술은 이틀 전에 미리 흰밥 1되나 7홉이나 지어 식거든 좋은 누룩에 버무려 넣었다가 맛이 달콤하고 조금 쓴 맛이 있거든 걸러서 하면 쉽게 되고 맛이 좋다.
친 떡	잡과병	① 고물: 곶감, 대추 씨 바르기 → 얇게 저미기 → 삶아 머리털 같이 썰기 → 생률도 곶감처럼 채쳐 한데 섞기 ② 찹쌀가루로 구멍떡을 빚어 삶기 → 꿀을 섞어 개기 ③ 소: 삶은 밤가루에 후춧가루, 계피가루, 꿀을 섞어 귀나게 만들기 ④ ③에 ②를 넣어 얇게 싸기 → 꿀을 묻혀 실과 채친 것 묻히기 → 떠 내어 잣가루를 묻히기	

(계속)

분류	음식명	조리법	비고
친 떡	석이병 (석이단자)	석이 다듬어 볕에 말리기 → 곱게 가루 내어 체에 치기 → 쓸 때에 그릇에 담고 물을 고부지게 끓여 치기(마른 석이가루를 쓰면 맛과 빛이 좋을 뿐 아니라 아껴 쓸 수가 있다) → 이때 기름 조금 치고 꿀에 재우기 → 찹쌀가루 많지 않게 섞기 → 밤, 대추를 잘게 썰기 → 섞어 찌기 → 잣가루 묻히기 찹쌀가루로 하면 단자, 멥쌀가루로 하면 승검 섞듯 하면 좋다.	숟가락으로 저으면 가루가 불어 많아지고 부드러워진다. 빛이 유활하고 기이하다.
	유자단자	① 유자정과 만드는 것처럼 (유자)껍질 벗긴 것을 많이 모아 말려서 가루 내기 → 곶감 곱게 다지기 → 찹쌀가루+꿀 버무리기 → 당귀가루를 넣고, 곶감과 유자가루를 섞기 → 증편체에 강정 찌듯 찌기 ② 밤 삶아 거르기 → 꿀 섞기 → 후추, 계피가루 넣어 소 만들기 ③ ①에 ②를 넣어 싸기→꿀에 볶은 팥고물 묻히기	
	승검초단자	찹쌀가루+승검초 생잎을 찧어 버무리기 → 절구에 찧기 → 쑥구리 같이 삶기 → 꿀 쳐서 개어 꿀에 볶은 팥소 넣기 → 잣가루 묻히기	
삶은 떡	-		
지진 떡	토란병	토란 삶기 → 껍질 벗기기 → 찹쌀가루와 섞기 → 무르게 쪄서 떡 빚기 → 참기름에 지지기	
	권전병	사탕, 꿀, 메밀가루 반죽하기 → 시루 찌기 → 오얏만하게 빚어 방망이로 얇게 밀기 → 지지기	모양이 연잎 같으니 권전병이라 하고, 둥글게 벤 것은 송풍병이라고 한다.
	국화전	국화 큰 송이의 꽃술 제거하기 → 찹쌀가루 묻히기 → 기름에 띄워 지지기	편의 웃기가 비상 아름답다.

4) 과정류

과정류는 표 6과 같이 유밀과류, 숙실과류, 과편류, 그리고 전약이 기록되어 있었다. 유밀과에는 밀가루에 생청, 기름, 계피, 깨를 넣어 반죽하고, 여기에 밤, 곶감, 대추, 꿀, 잣가루, 계피가루, 생강즙, 후춧가루를 섞은 소를 넣어 송편처럼 빚은 만두과가 있었다. 《주식시의》에 동일한 방법이 기록되어 있었다. 밀가루로 반죽하여 빚고 기름에 지진 후 꿀에 즙청하는 법은 약과와 같으나, 밀가루 반죽과 소에 많은 재료가 들어가는 정성이 필요한 음식이었다. 본서에는 송편을 만드는 법에 대한 기록은 없으나, 《술방문》에는 기록되어 있다. 만두과를 송편처럼 빚는다고 하여 송편이 대중적으로 널리 이용되어 모양이나 크기의 이해를 도움을 알 수 있었다.

숙실과에는 생강편이 기록되어 있었는데, 이는 내용은 강란과 같으나, 마지막 성형을 하는 모양이 달랐다. 강란은 세 뿔 모양으로 만드는데, 생강편은 단자를 만드는 법과 같이 아래위로 잣가루를 묻혀 방정히 썰었다. 편이라 이름 지었으나, 곡물이 첨가되지 않아 떡이 아니라 숙실과로 보아야 한다.

과편류로는 앵두편과 살구편이 기록되어 있었다. 앵두와 살구의 과육과 즙액에 꿀과

표 6 과정류의 종류 및 조리법

분류	음식명	조리법	비고
유밀과	만두과법	① 밀가루 곱게 가루 내기 → +생청과 기름 각 5씩 넣기 → +계피와 깨를 넣어 반죽하기 → 마르거든 꿀을 넣어 빚기 어려운 만큼 반죽하여 빚기 ② 소: 밤 찌기 → 체에 거르기 → 곶감 가늘게 썰기 → 대추도 씨 발라 가늘게 썰기 → 밤, 곶감, 대추, 꿀에 질도록 반죽하기 → 양푼에 볶기 → +잣가루, 계피가루, 생강즙, 후춧가루를 넣어 섞기 → 소 넣을 만큼 단단히 쥐어 빚기 ③ 송편만큼 빚어 부리를 단단히 집기 → 손톱으로 살을 집기 → 약한 불로 오래 지지기 → 생청에 담가 두기 → 잣가루를 묻을 만큼 뿌리기	소는 숯불 위에서 뭉근히 볶아 눋지 않으면 조금 저어 빚기 좋을 만큼 볶는다.
숙실과	생강편	생강 얇게 저미기 → 물에 담가서 매운 물 빼기 → 물기 없이 짜기 → 곱게 다지기 → 생청을 죽처럼 섞기 → 눋지 않게 조금 저어가며 끓이기 → 잣가루와 계피가루 넣기 → 쟁반에 잣가루 펴고 그 위에 펴서 두께가 서너 푼이 되게 늘려 굳히기 → 방정히 베기 → 잣가루 묻히기	
과편	앵두편	앵두 씨 바르기 → 쪄서 거르기 → 녹말과 꿀을 타기 → 풀 쑤듯 쑤기 → (굳히기) → 식혀서 칼로 베기	
	살구편	살구 씨 바르기 → 찧어 거르기 → 꿀 타기 → 녹말 엉길 만큼 넣기 → 생강즙 넣기 → 녹말이 익을 만큼 쑤기 → 쟁반에 펴 굳히기 → 썰기	
전약	전약	백강, 계심(桂心), 정향 곱게 가루 내기 → 대추씨 제거하기 → 아교 고으기 → +대추살, 연밀 → 꿀, 대추 넣기 → 조화한 후 4가지 약 가루를 넣기 → 고루고루 젓기 → 끓이기 → 그릇에 푸기 → 엉긴 후에 쓰기	

녹말을 넣어 가열한 후 쟁반에 부어 굳으면 썰어서 만들었다. 앵두는 쪄서 과육을 거르는데 비해 살구는 찧어서 과육을 거르는 법이 달랐다. 살구편에는 생강즙이 더 들어갔다. 《규합총서》에 동일한 내용이 기록되어 있었다.

전약은 백강, 계심, 정향, 대추, 아교, 연밀을 오랫동안 곤 후 엉기게 한 약방문이다. 《규합총서》에는 방출내국(放出內局)이라 하여 왕의 건강을 위한 내의원에서 보양의 목적으로 만드는 음식임을 기록하고 있고 있다. 백강은 백당(白糖)을 의미하는지 생강을 의미하는지 모호하다. 하지만 《윤씨음식법》에 생강이 많으면 써서 좋지 못하다고 한 것으로 보아 백당으로 보아야 하나, 연밀과 꿀이 별도의 재료로 기록되어 있어 이것 또한 애매하다. 《규합총서》에는 백당으로 보았고, 《주식시의》에선 백강으로 기록되어 있다. 《윤씨음식법》에는 아교를 구하지 못하면 숙으레를 쓰면 된다고 하였다. 《규합총서》, 《주식시의》, 《시의전서》, 《윤씨음식법》과 비교하면 후추가 빠져 있다.

5) 음청류

음청류는 표 7과 같이 차(茶), 밀수(蜜水), 수정과(水正果), 화채(花菜)의 총 7종이 기록되어 있었다. 차는 매화차, 국화차, 포도차 3종이었다. 매화차는 납월에 반쯤 핀 매화

봉오리를 따서 말려두었다가 여름에 뜨거운 물에 차로 마셨다. 《규합총서》, 《주식시의》, 《시의전서》, 《부인필지》의 내용과 동일하였는데, 매화를 따는 시기를 《규합총서》와 《주식시의》는 섣달이 지난 뒤라고 하였고, 특히 《주식시의》에서 나리(백합)와 함께 말려 저장하는 것이 달랐다. 국화차는 매화차와 같은 방법으로 하였다.

밀수는 원소병이 기록되어 있었다. 찹쌀가루에 꿀을 넣어서 반죽하고, 대추, 호두, 잣에 꿀을 넣어 만든 소를 넣어 빚은 후 삶은 경단을 꿀물에 띄워서 만들었다. 《규합총서》의 내용과 동일하였는데, 《규합총서》에는 원소병은 북경서 정월보름에 절식으로 먹는 음식이라는 유래와 소를 달리한 두 가지 원소병 만드는 법이 기록되어 있다.

수정과는 문배를 이용한 향설고와 수정과가 기록되어 있었다. 향설고는 《규합총서》, 《시의전서》(이효지 등 편역, 2004), 《규곤요람》, 《부인필지》와 같은 내용이었으나, 《음식방문》에서는 윈호도를 문배에 많이 박으라 했는데 이는 윈호초, 즉 통후추의 오기로 보인다. 배를 더 조려서 쫀득쫀득하게 하여 건정과와 함께 곁들이기도 하고, 국물을 덜 졸여 계피를 섞으면 수정과를 만들 수 있다고 하였다. 두견화책면은 진달래의 꽃술을 제거하고 녹말을 묻혀 데쳐낸 후 오미자 국물에 띄워 마시는 법이었다. 《술방문》에는 똑같은 내용이 화면으로 기록되어 있었다. 《규합총서》, 《주식시의》, 《시의전서》와 동일한 내용이었는데 다만 《규합총서》와 《주식시의》에는 화면으로 음식명이 달랐다.

표 7 음청류의 종류 및 조리법

분류	음식명	조리법	비고
차	매화차	납월에 매화를 대나무 칼로 반쯤 핀 봉오리를 따기 → 말리기 → 꿀에 담그기 → 여름에 날씨가 더울 때 끓는 물에 넣어 타서 마시기	꽃이 즉시 뜨고 맑고 향기도 좋은 맛이 매우 사랑스럽다.
	국화차	국화를 대나무 칼로 반쯤 핀 봉오리를 따 말리기 → 꿀에 담그기 → 끓는 물에 넣어 타서 먹기	
	포도차	포도와 문배를 찧기 → 즙 내기 → +생강즙과 백청 섞기 → 백비탕을 식혀서 이 3가지 즙을 조금씩 타 잘 섞기	
밀수	원소병	① 찹쌀가루 깁체에 치기 → 설탕물에 반죽하기 ② 소: (대추를) 쪄서 거르기 → 호두를 까서 더운 물에 담가 불리기 → (호두)껍질 벗겨 다지기 → +잣가루 섞기 ③ ①에 ②를 넣어 싸서 삶기 → 설탕물에 띄우기	
수정과	향설고	문배 껍질 벗기기 → 꿀물 타기 → 노구솥에 붓기 → 배에 통 후추를 많이 박기 → 생강 얇게 저며 넣기 → 숯불에 약한 불로 지지기 → 빛이 붉고 속속들이 꿀이 들어가 씨까지 윤지거든 쓰기 (큰 배는 3~4조각으로 나눠 썰기) 신 맛이 죽거든 오미자 국을 잠깐 치기 정과에 곁들일 때는 국물을 더 졸이기	배가 시어야 빛이 붉고 곱다. 문배와 참배 모두 가능하다.
	수정과	향설고 법보다 국물 넉넉하기 → +계피가루 → 잣 뿌리기	
화채	두견화책면	두견화를 녹말 묻히기 → 데치기 → 오미자국에 띄우기	

이로서 겨울의 매화, 가을의 국화, 여름의 포도, 봄의 진달래를 이용하여 계절감을 즐기는 조상들의 풍류를 알 수 있었다.

6) 양념류

양념류는 표 8과 같이 장류와 식초류 5종이 기록되어 있었다. 이 중 고추장과 식초는 만드는 법이 각각 두 가지씩이었다. 고추장은 먼저 콩 1말을 기준으로 하여 고추장메주를 만드는 법이 기록되어 있었다. 고추장메주는 콩을 삶아 백설기와 함께 찧어 한 줌 안에 들어가게 잘게 쥐어 만들어 띄웠다. 고추장 1법은 고추장용 메주(콩 1말+쌀 2되) : 소금 4되 : 고춧가루 5~7홉 : 찹쌀(2되)밥 : 대추 두드린 것과 포육가루(+전복)의 비율이다. 고추장 2법은 고추장용 메주(콩 1말+쌀 3되) : 소금 2되반 : 고춧가루 : 찹쌀(5

표 8 양념류의 종류 및 조리법

분류	음식명	조리법	비고
장류	고추장(2)	① 고추장메주(콩 1말 기준): 쌀 2되를 가루 내기 → 흰무리 찌기 → 메주콩을 찧을 때 한데 넣어 매우 찧기 → 한 줌 안에 들어가게 잘게 쥐기 → 띄우기 ② ①을 매우 말리기 → 가늘게 가루 내기 → 가루 1말에 소금 4되를 물에 타 버무리기 → 되기는 묽은 의이만큼 하여 고춧가루 5~7홉이나 식성대로 섞기 → 찹쌀 2되로 밥 질게 짓기 → 고루고루 버무리기 → +대추 두드린 것과 포육가루 만들어 넣고 담기	고추장에 전복을 통으로 넣어 삭인다. 그러면 생으로는 연하지 않으나 썰어 찧는 데 넣으면 연해지고 무르고 장맛도 맛이 좋다.
		① 고추장메주(콩 1말 기준): 쌀 3되로 흰무리떡 만들기 → 순 콩하고 찧기 → 찧어 잘게 손으로 쥐기 → 섬에 띄우기 ② 메주가 다 마른 후 가루 내기 → 찰밥 5되 밥 짓기 → 차게 식히기 → 물을 밥 겨우 풀릴 만큼만 하여 고춧가루와 한데 섞기 → 매우 쳐 두기 → 하룻밤 재우기 → 소금 2되 반쯤이나 간 소금으로 고루고루 버무리기 → +김치무 절인 것 → 항아리에 담기	2월에는 6~7일 띄워 옷이 희게 입고 속이 노랗게 잘 마르거든 볕에 바랜다.
	청태장	청태콩을 시루에 익게 찌기 → 메주 덩어리를 칼자루처럼 만들기 → 콩잎으로 덮기 → 누른 옷 입거든 내어 더운 데 굴려 말리기 → 마르거든 소금을 너무 끓게 말고 장을 담으면 그 맛이 담하여 매우 좋다.	가시 꾀이기 쉬우니 메주를 극히 말려 담으면 오랫동안 두어도 상하지 않는다.
	급히 청장 담는 법	소금 7홉을 매우 볶기→밀가루 8홉을 소금과 같이 누르도록 볶기 → 묵은 된장 3홉과 3가지를 한데 넣기 → 물 6탕기 되게 달여 내기	그 맛이 매우 좋다.
식초류	사절초	병일(丙日)에 정화수 1동이+누르게 볶은 누룩가루 4되 → 섞기 → 오지항아리에 넣어 단단히 봉하기 → 그 이튿날 전일에 찹쌀가루 1말을 씻어서 찌기 → 더운 상태로 그 항아리에 넣기 → 복숭아나무 가지로 저어 두껍게 봉하기 → 햇볕이 잘 드는 땅(向陽之地)에 두기	
	식초(2)	백설기 찐 종이를 떼어 내어 더운 상태로 김나지 않게 항아리에 넣기 → 굳게 싸매어 더운 데 두기 → 오색 곰팡이가 필 것이니 술밥을 더운 상태로 누룩 섞어 오래 두기 → 시고 가라 앉아 맑아지거든 퇴청하기 → 좋은 초사 넣어 한데 쳐 붓기 → 누룩덩이를 타게 구워 대추 20여 개 굽기 → 함께 넣어두기	기이한 초가 된다. 가을에는 신 문배와 반만 익은 감을 넣으면 좋다.
		소주 후주(後酒)로 만든 초가 오래 두어도 맛이 변하지 않는다.	

되)밥 : 무말랭이의 비율이었다. 1법은 소금의 비율이 많고, 대추나 포육을 넣어 맛을 냈고, 2법은 말랜 김치무를 넣고 소금의 양이 적은 대신 찹쌀밥을 많이 넣어 발효를 도왔다. 1법은 《규합총서》에도 기록된 내용이었다. 청태장은 청태콩을 삶아 칼자루 모양으로 길게 메주를 만들고 콩잎을 덮은 후 누른 옷을 입을 때까지 띄우고 바짝 말려서 소금을 섞어 담근 장이다. 가시가 꾀기 쉬워 메주를 바짝 말렸다가 담그는 것이 중요하다고 당부하고 있다. 《규합총서》에서도 동일한 내용이 기록되어 있다. 급히 청장 담는 법은 볶은 소금에 밀가루를 넣어 누른색이 되도록 볶고 묵은 된장과 물을 넣어 달인 장이었다. 장이 없을 때 빨리 속성으로 만들기 위해 묵은 된장과 밀가루의 맛을 가미한 지혜를 읽을 수 있었다. 《규합총서》에도 동일한 내용이 기록되어 있었는데, '《산림경제》에서 초(抄)하였는데, 시험하지 못하고, 굴을 장에 넣으면 맛이 좋고, 전굴젓국 여러 해 된 것을 달이면 좋은 청장이 된다고 하였으되 시험하지 못하였다.'라고 부기하고 있다.

식초는 장의 다음이니 집에 없어서는 안 될 것이라 하였다. 사절초는 정화수 1동이에 누렇게 볶은 누룩가루 4되를 섞어 잘 봉하여 두고 다음날 찹쌀가루 1말을 쪄서 항아리에 함께 넣어 양지바른 곳에서 발효를 시키면 된다고 하였다. 사계절에 아무 때나 식초를 담글 수 있는 법이지만, 반드시 병일(丙日)에 담글 것을 당부하였다. 또 다른 식초를 만드는 법은 백설기를 더운 상태로 항아리에 넣어 오색곰팡이가 피면 더운 술밥에 누룩가루를 섞어 퇴청하면 쓰는데 대추를 넣기도 하고, 가을에는 문배와 감을 함께 넣어 발효시키기도 한다고 하였다. 또 소주후주로 식초를 담그면 그 맛이 오래 유지된다고 하였다. 《규합총서》에도 기록되어 있었다.

장 담는 길일과 식초를 담는 길일이 기록되어 있었는데, '정월 우수일(雨水日) 입동일(立冬日) 삼복일(三伏日)에 장을 담그면 가시가 나지 않고, 해가 돋기 전에 담그면 가시가 없다. 벌레가 나거든 초오(草烏)나 백부근(百部根) 조각만 위에 얹으면 다 죽는다. 또는 청명(淸明)날 꺾은 버들가지를 꽂으라. 상현(上弦) 하현일(下弦日)에 조금 담으면 곰팡이가 생긴다고 한다.'고 하였다.

7) 가공 및 저장법

식품의 저장법으로는 건조법(乾燥法)과 수장법(水藏法)이 있었다. 포육, 황률, 준시와 같이 껍질을 벗겨서 말리고, 석수어는 반건될 때쯤 다시 씻어서 말리고, 죽순은 데쳐서, 고사리는 찐 후 마른 재를 묻혀서 말리는 법이 기록되어 있었다. 고춧잎과 자고추 연한 줄기는 큰 항아리에 넣어 단단히 누른 후 물을 채워서, 송이는 진흙물에, 과일은 납설수(臘雪水)에 담그어 저장하였다.

그 외 조리 시 주의점으로 썩은 고기 삶는 법, 생선 씻는 법, 금린어 손질법, 문어 써는 법, 석수어를 끓이는 법, 잉어 뼈를 부드럽게 하는 법(분골니어법) 등이 기록되어 있었다.

즉어나 농어 같은 어류나, 개고기, 사슴고기, 양고기, 돼지고기 등의 수육류, 오골계와 닭의 가금류, 과일류가 가지고 있는 각각의 특성과 이들 식품과 함께 먹으면 해로운 것들에 대해 기록되어 있었다. 따라서 음식을 맛있게 할 수 있는 조리법뿐만 아니라 각 식품의 특성을 파악하고, 그 효능을 극대화할 수 있도록 음식궁합에도 주의를 기울였다. 또 제철이 아닌 계절을 위하여 식품을 가공하고 적절한 저장법으로 식생활을 관리하였음을 알 수 있었다.

8) 식품과 그 가공품

《음식방문》에 기록된 식품은 표 9와 같다. 곡류로는 멥쌀과 찹쌀, 율무가 있었고, 가공품에 밀가루, 메밀가루, 엿기름가루 등이 있는 것으로 보아 쌀과 잡곡이 두루 사용됨을 알 수 있었다. 찹쌀은 찹쌀로 표기했지만 점미(粘米)로도 기록하였고, 가루로 내어 떡을 만드는데 이용하였다. 밀을 그대로 이용하진 않았지만, 가루를 내어 사용하였다. 변씨만두·붕어찜·죽순채·만두과에는 밀가루로, 게 굽는 법과 송이찜에는 진말(眞末)로 기록되어 있었다. 서류에는 토란, 마(山藥), 고구마가 있었고, 콩, 팥, 녹두, 청태 등의 두류를 이용하였다.

채소류로는 고추가 가장 많이 기록되었는데 고추는 잘 익은 붉은 고추뿐만 아니라 고춧잎, 자고추가 달린 연한 줄기, 고춧가루 등이 고루 이용되었다. 다음으로 미나리, 무, 배추, 오이, 동아, 죽순, 도라지 등의 순으로 많이 사용되었다. 정확히 내용이 모호한 나무새 또는 나물이라는 표현이 6회 정도 있었다. 신검초는 뿌리, 줄기, 잎이 모두 사용되었다. 유자단자에서는 당귀가루를, 승검초단자를 만들 때는 승검초 생잎을, 봄에 갓 나는 연한 줄기를 이용하여 산적을 만들 때는 신검채라고 표현하였다.

석이·표고·송이 등의 버섯류와 다시마·파래·감태·미역·청각 등의 해조류도 이용되었다. 과실류로는 대추·감·배·밤 등이 많이 이용되었고, 오미자, 귤, 석류, 살구, 앵두 등이 이용되었다. 특히 배는 문배와 참배, 감은 수시(水柿)와 반시(盤柿)에 대한 품종이 기록되어 있었다. 감은 생과보다 탈삽(脫澁)을 하거나 곶감으로 말려서 이용되었는데, 감의 종류에 따라 시상(柿霜)의 색이 다름을 구분하였고, 감꼭지도 조리에 이용되었다.

육류로는 쇠고기, 돼지고기, 개고기, 양고기 등이 있었는데, 살코기뿐만 아니라 내장고기도 이용되었다. 쇠고기는 고기 또는 쇠고기, 황육(黃肉)으로 기록되어 있었는데,

설하멱에는 등심살, 신검채산적에는 안심살과 같이 구체적인 부위가 기록되어 있었다. 조육류로는 닭고기, 꿩고기, 메추리고기, 참새고기가 이용되었는데, 닭고기는 진계(陣鷄), 노계(老鷄), 오골계(烏骨鷄), 수탉 등이 있었고, 달걀이 이용되었다.

수산물로 붕어, 잉어, 준치, 조기(石首魚), 농어, 광어, 청어, 웅어, 문어, 낙지, 쏘가리(錦鱗魚), 복어 등의 해수어와 담수어가 있었고, 전복, 게, 해삼, 대하, 소라 등의 패류가 기록되어 있었다. 새우, 조기, 밴댕이, 준치 등은 젓갈로도 가공되었다.

호두, 잣, 은행의 견과류가 사용되었다. 잣은 백자(柏子)와 혼용되어 기록되어 있었다. 통으로 쓴 잣은 완자탕과 증편에, 수정과에는 백자로 기록되어 있었다. 가루를 쓴 것에는 원소병·승검초단자·편포·약포·변씨만두·족편·임좌자반·잡과병에는 잣가루로, 석탄병과 송이찜에는 잣말, 냉면에는 백자말(柏子末), 되조미탕·만두과·생강편에는 백자가루로 구분 없이 기록되었다.

양념류로 파, 생강, 마늘 등의 향신채소가 있었고, 짠맛을 내는 조미료로 소금과 간장, 고추장, 된장이 있었다. 간장은 진주좌반에는 진한 장, 약포에는 검은 장, 삼합미음에는 3년 묵은 검은 장, 장김치를 담글 땐 좋은 지령을 쓴다고 하여 담근 햇수에 따라 잘 발효되어 맛이든 간장으로 쓰임새에 맞는 간을 하였음을 알 수 있었다. 또 기름과 섞은 유장을 붕어구이·붕어찜·준치만두·개구이·게찜·설하멱·완자탕·증돈·아저찜·제육구이·메추리찜 등에 양념장으로 이용하고 있었다. 단맛을 내는 조미료로는 설탕과 꿀이 있었는데, 꿀은 꿀, 백청, 생청, 연밀 등으로 종류가 다양하였다. 권전병·유자단자·승검초단자·만두과·앵두편·진주좌반·약포·율무의이·갈분의이·매화차·메기탕을 만들 때는 꿀을, 포도차와 동치미를 만들 때는 백청을, 만두과와 생강편을 만들 때는 생청을, 전약을 만들 때는 연밀을 사용하였다. 만두과의 경우 밀가루 반죽을 할 때는 꿀을 넣고, 집청을 할 때는 생청을 사용하여 순도나 채집원을 달리한 꿀을 쓰임새에 따라 사용하였음을 짐작할 수 있었다. 매운맛을 내는 조미료로 후춧가루, 고춧가루, 천초가루, 겨자 등이 이용되었다. 고소한 맛을 내는 깨는 통깨, 실깨, 깨소금과 기름으로 이용되었다. 대개 고조리서에는 조리 시 사용된 기름에 대해 구체적으로 어떤 기름인지에 대한 언급이 없다. 지지거나 부치는 목적의 가열용 기름의 경우 더욱 그러하다. 참기름처럼 조리의 마지막에 향신의 목적으로 사용될 때는 주로 향유(香油)로 표기된 경우가 많다. 《음식방문》에서는 증편을 따 찌면 'ᄎᆞᆷ기름 발ᄂᆞ 버혀 쓰라'고 하였고, 토란병에는 토란과 찹쌀가루 반죽을 진유(眞油)에 지진다고 하여 참기름과 진유가 둘 다 표기되어 있었다.

《음식방문》에는 주조법이 전혀 기록되어 있지 않다. 《술방문》과 함께 필사(筆寫)를 하며, 일부러 음식과 주조법을 따로 기록한 것으로 생각된다. 하지만, 잉어탕을 끓이는 법에 탁주나 청주를 넣어 생선탕을 끓이면 맛과 냄새가 좋고, 잉어를 말릴 때 좋은 술을 넣어 양념하면 좋다고 하였다. 또 어물지지는 법에는 술을 넣으면 생선의 뼈가 부드러워지고, 증편을 만들 때는 탁주를 넣었다. 그러므로 술은 잡내 제거와 가향(加香), 생선뼈의 연화(軟化), 발효의 목적으로 조리에 이용되었음을 알 수 있다.

그 외 앵두나무, 복숭아나무 가지, 기와조각, 동(銅) 녹이 슨 돈, 그릇 닦은 수세미, 잿물 밭친 재 등이 효율적인 조리를 위해 이용되었다.

표 9 식재료와 가공품

분류	식재료	가공품
곡류	백미(5), 찹쌀(4), 율무	찹쌀가루(10), 찰밥, 멥쌀가루(2) 밀가루(10), 메밀가루(2), 누룩(3), 엿기름가루, 국수(2), 흰떡, 찹쌀조악, 백설기
서류	토란, 고구마, 마[山藥]	산약초(山藥炒)
두류	콩(3-메주콩1), 청태콩, 팥	볶은 꿀팥(2), 볶은 팥소, 녹말(8), 메주
채소류	붉은 고추(7), 미나리(6), 나물(6), 무(6), 배추(4), 오이(4), 호박잎, 동아(3), 도라지(2), 순무, 고춧잎, 자고추줄기, 자소엽, 죽순(3), 움파, 호박, 부추(2), 갓, 가지, 콩잎, 고사리	박고지(3), 고춧가루(3)
버섯류	석이(2), 표고(6), 송이(3)	석이가루, 마른 송이
해조류	다시마, 파래, 감태, 미역, 청각(2)	
과실류	대추(12), 밤(9), 배(8-문배(3)), 감(6-水柿2), 유자(4), 살구(2), 포도, 석류, 복숭아, 참외, 앵두	곶감(3), 감꼭지, 숙율, 시상
육류	쇠고기(21-등심, 안심, 양, 천엽, 부화, 곤자소니, 골, 양깃머리, 길혀, 썩은 고기), 돼지고기(12-제육 새끼집, 제육 머리, 아저), 사슴고기(鹿肉), 양고기, 개고기(2)	포육가루
조육류	닭고기(5-진계3, 노계1, 수탉1, 오골계1), 꿩고기(9), 메추리고기, 참새고기	
알류	달걀(10)	수란
어패류	전복(9), 게(7), 해삼(4-북해삼1), 붕어(4), 생선(4), 잉어(2-잉어알), 조개(2), 메기(2), 동해 홍합, 준치, 석수어, 금린어, 하돈(복어), 문어, 민어, 광어, 농어, 자라, 웅어, 청어, 대하, 소라, 낙지	새우젓(2), 조기젓(2), 감동젓(곤쟁이젓), 준치젓, 밴댕이젓, 추포
견과류	호두(3), 잣(7), 은행(2)	잣가루(21)
양념류	파(21), 생강(16), 꿀(18-백청(2), 생청(2), 연밀), 소금(13), 간장(9-검은장, 지령(4), 청장), 후추(12), 설탕(3), 마늘(3), 식초(4), 기름(15), 참기름(3), 깨(4), 천초(2)	유장(14), 생강즙(2), 후춧가루(13), 설탕물, 소금물, 천초가루, 초장, 깻국(3), 고추장, 소금물, 깨소금(3), 계자즙, 된장, 건강(乾薑)
화훼류	매화, 국화(2), 두견화, 참깨꽃	
기타	승검초생잎(2) 오미자(3), 백복령, 연육(2), 능인(2), 계피(3), 볏짚, 백봉선화씨, 살구씨(3), 백반(2), 뽕나무, 앵두나무, 수유잎, 북천초, (굴뚝 곁)기와조각, 동 녹이 슨 돈, 그릇 닦은 수세미, 잿물 밭친 재, 마른재, 초오(草烏), 백부근(百部根), 복숭아나무 가지, 초사, 정향, 아교 계심(桂心) 조협(皁莢), 형개(荊芥), 맥문동(麥門冬), 정화수, 납설수(臘雪水), 진흙물, 뜯물(2)	갈분, 승검초가루, 당귀가루, 계피가루(5), 귤병, 민강, 타락, 술(7-탁주(2), 청주(2), 소주 후주), 백강

9) 조리방법

《음식방문》에 기록된 일반 조리방법은 표 10과 같다. 세척, 침지, 분쇄, 여과 및 압착, 교반 및 혼합, 양념하기, 냉장 및 냉각, 성형, 발효, 저장, 기타로 크게 분류할 수 있었다. 세척은 식품에 묻은 더러운 이물질을 제거하기 위해 씻는 과정으로, 복어의 독을 없애기 위해 피와 내장을 제거할 때는 무수히 빨라고 표현되어 있었다. 침지는 건조된 식품을 불리거나, 맛을 들이기 위한 조미를 위해, 또 진흙물과 납설수에 담구어 저장을 위한 목적이 있었다. 분쇄는 곡식을 가루 내어 떡을 만들 때나 과실이나 잎을 찧을 때 이용되었다. 여과나 압착은 체에 걸러 곱게 하거나 물기를 제거할 때 이용하였다. 두 가지 이상의 식품을 고루 섞거나 가루에 물을 넣어 반죽할 때 교반과 혼합을 하였다. 식품에 조미를 하기 위해 소금, 유장, 기름, 꿀을 넣어 주무르거나 재웠다. 음식을 만드는 과정에서 밀거나 늘리거나 굳히는 과정과 성형을 위해 다식판을 이용하여 박아내거나 손으로 둥글리거나 손으로 집어 모양을 빚기도 하였다.

《음식방문》에 기록된 음식 써는 방법은 표 11과 같다. 써는 법은 썰기, 저미기, 베기의 순으로 많았다. 썰기는 가늘게, 채, 얇게, 갸름갸름하게, 귀나게 등으로 써는 굵기나 모양이 표현되어 있기도 하였다. 오늘날의 다지기는 '두드리기'로 표현되어 있었다. 붕어나 복어의 등쪽에 칼집을 넣어 내장을 제거하고 손질하는 것은 '등마루를 쪼개어'라고 기록되어 있었다.

《음식방문》에 기록된 음식의 가열방법은 표 12와 같다. 가열법은 익히기, 뭉근한 불로 오랫동안 익히는 만화(慢火)로 익히기, 반숙하기, 조리하기 전 솥이나 번철 같은 가열기구를 뜨겁게 하는 달구기 등이 있었다. 습열조리법에는 찌기가 가장 많이 사용되었다. 다음으로 끓이기, 삶기, 데치기, 중탕하기, 고으기, 달이기의 순이었다. 밥 짓기는 다시마튀각을 만들기 위한 찰밥은 되게 짓는다고 하였고, 일반 고추장 만드는 법은 밥알이 겨우 풀릴 만큼의 고두밥을 지어 섞지만, 대추와 포육가루, 전복을 넣어 만드는 고추장은 찰밥을 질게 지어 넣는다고 하였다. 튀하기는 메기, 닭, 돼지를 뜨거운 물에 잠깐 넣었다가 꺼내어 미끄러운 점액이나 털 등을 제거하는 조리법이다. 건열조리법에는 볶는 법이 가장 많았다. 다음으로는 굽기, 지지기, 부치기 등의 순이었다. 굽기는 숯불에 굽기는 직접구이법이 많았는데, 생치구이는 꿩고기를 백지에 물을 적셔 단단히 싼 후 반쯤 구워 익힌 후 종이를 벗기고, 기름과 소금을 섞어 발라 굽는 법을 이용하였다. 꿩고기는 닭고기에 비해 지방의 양이 적으므로, 이 방법을 통해 내부의 수분을 유지시키면서 표면의 바삭함을 즐길 수 있는 방법이라 생각된다. 붕어를 구울 때나 설하멱에서 고기를 구울 때는 숯불의 재를 굽어 익히는 법을 이용하였다.

표 10 조리방법

구분	세부사항	
일반 조리방법(161)	세척	씻기(17) 무수히 빨기(1)
	침지	(물, 더운물)담그기(13) 납설수에 담그기(1) 소금물에 담그기(1) 진흙물에 담그기(1) 꿀에 담그기(1) 겨자즙에 담그기(1) 술에 담그기(1) 불리기(6) 절이기(5)
	분쇄	가루 내기(11) 갈기(1) 찧기(5)
	여과·압착	(고운체, 깁체)체치기(4) (어레미, 얼멍이)거르기(6) 누르기(2) 체에 받치기(2) 짜기(1) 즙내기(2)
	교반·혼합	섞기(34) 반죽하기(6) 버무리기(3) 타기(9) 개기(1) 풀기(3) 젓기(2) 치기(4) 넣기(18)
	양념하기	양념하기(6) 간 맞추기(6) 유장 치기(1) 주무르기(4) 바르기(15) 꿀 치기(1) 기름 치기(2) 재우기(2)
	냉장·냉각	식히기(8)
	성형	(송편만하게)빚기(2) (다식판)박기(1) 말기(1) 늘리기(1) (오얏만하게)비비기(1) 굳히기(2) 손으로 쥐기(2) 손톱으로 살 집기(1) 잘게 쥐기(1)

(계속)

구분	세부사항	
일반 조리방법(161)	성형	밀기(1) 완자 만들기(1) 주머니처럼 만들기(1) 두드리기(3) 다듬기(1) 방정히 하기(1)
	발효	(김치)담그기(1) (김치, 오이지)익히기(1) (메주)익히기(1) 띄우기(3)
	저장	말리기(20) 반건하기(1) 봉하기(4) 묻기(2)
	기타	벗기기(19) 뼈 바르기(1) 씨 바르기(2) 가시 빼기(2) 껍질과 뼈 제거하기(1) 미끄러운 액 제거하기(1) 내장 제거하기(2) 묻히기(9) 꿰기(5) 찌르기(1) 소 넣기(4) 비늘 거스리기(5) 긁기(6) 싸기(10) 털 뽑기(2) 두드리기(2) 붓기(13) 부리 막기(1) 동여매기(4) 펴기(6) 물기 제거(3) 담기(5) 발개깃으로 쑤시기(1) 덮기(9) 뿌리기(13) 흩기(1) 까기(2) 박기(3) 축이기(1) 건지기(1) 얹기(3) 퇴청하기(1) 뒤집기(1)

표 11 써는 방법

구분	세부사항
써는 방법(27)	썰기(20) 가늘게 썰기(5) 채썰기(2) 얇게 썰기(1) 갸름갸름 썰기(1) 귀나게 썰기(1)
	저미기(18) 자르기(3) 조각내기(2) 사각(四脚) 뜨기(1)
	잘게 찢기(2) 깎기(1)
	두드리기(다지기)(12) 잔금내기(1)
	베기(9) 얇게 베기(1) 모나게 베기(1) 가르기(1) 끊기(1) 토막 내기(3) 쪼개기(4) 등마루 쪼개기(2)
	(머리, 다리)제거하기(1) 도려내기(1)

표 12 가열방법

구분	세부사항	
가열방법(19)	습식가열	찌기(20) 끓이기(14) 삶기(9) 데치기(6) 중탕하기(6) 고으기(5) 달이기(졸이기)(5) 밥 짓기(4) 쑤기(3) 튀하기(3)
	건식가열	볶기(15) 굽기(14) 지지기(11) 부치기(6) (숯불)재를 덮어 익히기(2) 튀기기(1) 덥게 찌기(1)
	기타	익히기(4) 만화로 익히기(1) 반숙하기(1) 달구기(1)

10) 계량단위와 조리도구

《음식방문》에 기록된 계량단위와 조리기구는 표 13과 같다. 《음식방문》에는 각 음식들의 재료 및 분량에 대한 기록이 상세하지 않아 계량도구에 대한 언급은 극히 부족하였다. 찬물류에는 찜, 떡과 과정류와 장을 담그는 양념류에 한하여 계량단위가 기록되어 있었다. 그중 부피 단위로는 홉(合: 곡식, 가루, 액체 따위의 부피를 잴 때 쓴다. 1홉은 1되의 1/10로 약 180ml에 해당한다.), 되(升: 곡식, 가루, 액체 따위의 부피를 잴 때 쓴다. 1되는 1말의 1/10, 홉의 10배로 약 1.8L에 해당한다.), 말(斗: 곡식, 액체, 가루 따위의 부피를 잴 때 쓴다. 1말은 1되의 10배로 약 18L에 해당한다.)이 있고, 무게 단위로 냥(兩: 귀금속이나 한약재 따위의 무게를 잴 때 쓴다. 1근의 1/16로 37.5g에 해당한다.), 근(斤: 1근은 고기나 한약재의 무게를 잴 때는 600g에 해당, 과일이나 채소 따위의 무게를 잴 때는 1관의 1/10로 375g에 해당한다.), 푼(分: 귀금속이나 한약재 따위의 무게를 잴 때 쓴다. 1푼은 1돈의 1/10로, 약 0.375g에 해당한다.)이 쓰였다. 푼은 조리에서 길이와 무게 단위로 모두 쓰이는데, 떡을 만들 때 고물의 높이를 나타낼 때는 길이의 단위로, 참기름의 양을 나타내는 무게의 단위로 각각 사용되었다. 또 돈을 세는 단위나 비율을 나타내는 단위(1푼은 전체 수량의 1/100로, 1할의 10분의 1)로 쓰이기도 하였다. 길이의 단위로는 푼(1푼은 1치의 1/10로, 약 0.3cm에 해당한다.), 치(寸: 1치는 1자의 1/10 또는 약 3.03cm에 해당한다.), 자(尺: 1자는 1치의 10배로 약 30.3cm에 해당한다.), 자밤(나물이나 양념 따위를 손가락 끝으로 집을 만한 분량을 세는 단위)이 있었고, 수량을 세는 단위인 토막, 개, 줌(수량을 나타내는 말 뒤에 쓰여 '주먹(한 손에 쥘 만한 분량을 세는 단위)'의 준말), 편, 더미가 기록되어 있었다. 숟가락, 종자, 잔, 보아, 탕기, 동이 같이 일반적으로 사용하는 조리도구를 활용하여 부피를 계량하기도 하였는데 시대의 흐름에 따라 그릇의 크기나 모양의 변화가 많아 그 양을 정확히 추정하기엔 한계가 있었다.

권전병 만드는 법에서는 '오얏만하게', 완자탕과 증편에서는 '밤알만큼씩', 청태장에서는 '(메주를) 칼자루처럼 만들어'라고 하여 크기나 모양을 과실이나 일상용품과 비교하여 이해를 도우고 있었다.

가열하는 기구로 솥, 노구, 번철, 탕관이 쓰였고, 열원으로 숯불과 화로가 있었다. 써는 도구로는 칼과 대나무칼이, 짜거나 거르는 도구로는 베자루나 베수건, 모시수건, 보자기가 있었고, 체는 굵은체, 깁체, 증편체 등으로 체의 굵기나 용도에 따라 그 종류가 나뉘어 있었던 것을 알 수 있었다. 성형을 하는 도구로는 목판과 다식판이 있었고, 게찜을 할 때 형태유지를 위해 대통이 이용되었다. 저장하는 도구로는 독이나 항아리가 있었는데 항아리에는 오지항아리와 사기항아리가 있었다. 적(炙)을 위해 식재료를 끼울 수 있는 적꼬치, 대꼬챙이, 쇠꼬치가 이용되었고, 승기악탕을 할 때 내장을 제거한 닭의 모양을 잡기 위해 죽침을 이용하였다. 일반 조리도구로는 시루, 광주리, 양푼, 편편한 그릇, 굽 없는 그릇, 숟가락, 방망이, 쟁반, 소반이 쓰였다. 그 외 발개깃, 돗자리, 나무, 댓가지와 백지나 유지 같은 종이가 사용되었다.

표 13 조리기구

대분류	소분류	계량단위	조리도구
주식류	죽		탕관, 숯불
	국수		
	만두		깁체, 베, 모시(베)수건, 도마
찬물류	국/전골	치, 잔, 보아, 토막	노구, 솥, 그릇, 열구자탕 그릇, 죽침, 칼, 항아리, 댓가지
	찜	치, 숟가락, 줌, 자, 종자, 편, 자밤	큰 솥, 노구솥, 솥뚜껑, 큰 합, 숟가락, 소반, 굽 없는 그릇, 칼, 수건, 빈 가마니, 항아리
	선		노구솥
	볶음		
	전/구이		소반, 발개깃, 적꼬치, 대꼬챙이, 쇠꼬치, 화로, 체, 대통, 그릇, 칼, 백지
	나물		
	회		종이
	수육		
	족편		편평한 그릇, 체
	젓갈	개, 줌, 홉	베수건, 사기항아리, 독, 돗자리, 나무
	마른 찬		번철, 굵은체, 목판, 다식판
	김치/장아찌		절구, 항아리, 광주리, 나뭇가지
떡류		줌, 냥, 근, 되, 푼, 홉, 치	보자기, 시루, 그릇, 대칼, 방망이, 증편체, 체, 깁체, 절구, 숟가락, 칼, 양푼, 숯불, 쟁반, 유지
과정류		냥, 보아, 더미	양푼, 쟁반, 체, 숯불, 칼
음청류			노구, 대나무칼, 숯불
양념류		홉, 되, 말, 줌, 탕기, 동이	시루, 항아리, 오지항아리
기타			목판, 베자루, 오지항아리, 항아리

요약

《음식방문》에는 총 144종의 규방생활에 필요한 내용에 대한 기록이 있었다. 식생활에 대한 내용이 전체의 86.5%로 주를 이루지만, 염색·세탁·양잠 등에 대한 의생활 관련 기록 17종과 도배·방구들 놓기·등 심지 만들기·등잔불 밝히기 등에 대한 주생활 관련 기록 6종으로 규방생활에 필요한 내용으로 구성되어 있었다.

식생활에 대한 기록은 조리법, 식품의 가공 및 저장법, 식품의 효능 및 금기사항이었다. 조리법에는 주식류가 7종, 찬물류는 56종, 떡은 13종, 과정류로는 5종, 음청류는 6종이 기록되어 있었다. 양념류로 고추장·청태장·급히 청장 담그는 법·사절초·식초법이 기록되어 있었는데, 고추장과 식초를 만드는 법은 각각 2가지씩 별법이 기록되어 있었다. 현존하는 고조리서의 대부분이 주조법에 대한 비중이 큰 것에 비하여 《음식방문》은 술에 대한 기록이 전무하였는데, 이것으로 미루어 소장가가 함께 가지고 있었던 《음식방문》과 《술방문》은 조리서의 상권과 하권의 관계로 보인다.

당시에는 제철이 아닌 계절의 식품 수급이 난제였으므로, 준시나 황률을 만드는 법, 과일이나 채소를 보관하는 법, 포육 말리는 법, 생선을 씻고 저장하는 법 등 식품을 가공하고 보관하는 비법이 17종 기록되어 있었다. 그 외 어육류의 효능과 특성에 따른 주의할 점과 상극으로 먹기나 조리 시 조심해야 하는 금기사항들이 기록되어 있었다. 되조미탕이나 양찜처럼 《음식방문》에서만 볼 수 있는 독특한 음식도 있었지만, 내용의 대부분은 《규합총서》나 《주식시의》와 매우 유사하였다.

참고문헌

굿디넷. 이야기로 먹는 한식 가슴을 흔들다. 서울: 굿디넷. 2009.

김시덕 편역. 징비록(류성룡 원저, 1590년대). 서울: 아카넷. 2013.

김영진. 농림수산고문헌비요. 서울: 한국농촌경제연구원. 1982.

남만성 편역. 지봉유설(이수광 원저, 1614). 서울: 을유문화사. 1994.

농촌진흥청 편역. 증보산림경제(유중림 원저, 1766). 수원: 농촌진흥청. 2003.

민족문화추진회 편역. 오주연문장전산고(이규경 원저, 1800년대). 서울: 민족문화추진회. 2009.

윤서석. 한국의 음식용어. 파주: 민음사. 1991.

윤숙경 편역. 수운잡방·주찬(김유·저자 미상, 1540년경·1700년대 말). 서울: 신광출판사. 1998.

이효지 등 편역. 시의전서(저자 미상, 1800년대 말). 서울: 신광출판사. 2004.

____________. 임원십육지-정조지(서유구 원저, 1827). 파주: 교문사. 2007.

____________. 부인필지(빙허각 이씨 원저, 1910). 파주: 교문사. 2010.

____________. 주방문(저자 미상, 1600년대 말). 파주: 교문사. 2013.

저자 미상. 음식방문. 한국학중앙연구원 마이크로필름 소장. 1880.

________. 尹氏음식법. 1854.

________. 정일당잡지. 1856.

________. 역주방문. 1800년대 中.

________. 주식방문. 1880.

________. 李氏음식법. 1800년대 말.

________. 술빚는법. 1800년대 말.

________. 연세대 규곤요람. 1894.

정문기 편역. 자산어보(정약전 원저, 1814). 파주: 지식산업사. 2012.

정양완 편역. 규합총서(빙허각 이씨 원저, 1815). 서울: 보진재. 1987.

황혜성 편역. 음식디미방(안동 장씨 원저, 1670). 서울: 한국인서출판사. 1980.

Cha GH. 2012. Food Culture of the late *Chosun* dynasty in '*Jusiksiui*(酒食是儀)' Korean J. Food Culture 27(6): 553-587.

Kim SM. Lee SW. 1990. A Study on the Cooking in 'The Lee's Umsikbup'. Korean J. Dietary Culture 5(2): 193-205.

Lee CS. 2010. Export and Import Goods in the *Chosun* Envoy Trades. The academy of Korean Silhak. 20: 29-79.

두산백과사전 두피디아

http://www.doopedia.co.kr

조선왕조실록

http://sillok.history.go.kr

한국고전번역원

http://www.itkc.or.kr

한국민족문화대백과사전

http://encykorea.aks.ac.kr

우리음식지킴이회

우리음식지킴이회는 옛 문헌을 중심으로 한국전통음식문화를 연구하는 모임이다. 옛 자료들에 기록된 전통음식 재현과 연구를 통하여 사라져 가는 한국음식문화 원형을 알고, 바른 전승과 세계화를 위한 한국음식문화의 발전에 일익이 되고자 한다. 2000년부터 한양대학교 이효지 교수를 중심으로 하여 각 분야에서 활동 중인 제자들이 모여 정기적으로 공부를 하기 시작하여 어느덧 10여 년이 넘는 시간이 지났다. 그동안 전문 학술지에 조선시대 음식문화 연구에 대한 여러 편의 논문을 발표하였고, 《시의전서》, 《임원경제지》, 《부인필지》, 《주방문》 등을 현대어로 번역하고 음식을 재현하여 단행본으로 출간하였다. 또, 조선시대 고조리서에 나타난 식문화 원형 개발을 디지털 문화콘텐츠로 제작하기도 하였다. 이번에는 《음식방문》을 발간하게 되었다. 앞으로도 지속적으로 고조리서를 보존, 연구, 개발하여 한국음식문화의 계승 발전을 위해 노력하고자 한다.

편저자

이효지 한양대학교 명예교수
정길자 (사)궁중병과연구원 원장
한복려 (사)궁중음식연구원 원장
정낙원 배화여자대학교 전통조리과 교수
김현숙 한국고전음식연구소 소장
유애령 한국학중앙연구원 전문위원
최영진 관동대학교 가정교육과 교수
김은미 김포대학교 호텔조리과 교수
원선임 청운대학교 식품영양학과 교수
차경희 전주대학교 한식조리학과 교수

음식방문

2014년 6월 13일 초판 인쇄 | 2014년 6월 23일 초판 발행

저자 미상 | **편저자** 이효지 외 | **펴낸이** 류제동 | **펴낸곳** ㈜교문사

전무이사 양계성 | **편집부장** 모은영 | **책임진행** 김소영 | **디자인** 신나리
본문편집 이연순 | **사진** 최동혁 | **제작** 김선형 | **홍보** 김미선 | **영업** 이진석·정용섭·송기윤
출력 현대미디어 | **인쇄** 동화인쇄 | **제본** 과성제책사

주소 413-756 경기도 파주시 교하읍 문발동 출판문화정보산업단지 536-2
전화 031-955-6111(代) | **팩스** 031-955-0955 | **등록** 1960. 10. 28. 제406-2006-000035호
홈페이지 www.kyomunsa.co.kr | **E-mail** webmaster@kyomunsa.co.kr

ISBN 978-89-363-1407-1(93590) | **값** 45,000원

* 저자와의 협의하에 인지를 생략합니다. * 잘못된 책은 바꿔 드립니다.